JN169204

たった一杯で幸せになる珈琲

10時間でマスター！
猿田彦珈琲の家コーヒー入門

猿田彦珈琲
大塚朝之

KADOKAWA

はじめに

私は東京の恵比寿で「猿田彦珈琲」というコーヒー屋をやっている
大塚朝之と申します。あるいは大手飲料メーカーのCMを
ご覧いただいて、ご存知の方もいらっしゃるかもしれません。
私たちコーヒーを職業にする者にとって、また読者の皆様にとっても
ことコーヒーに関しては、とても幸せな時を迎えています。
なぜなら、スペシャルティコーヒーと呼ばれる
とても素晴らしいコーヒー豆が、お手軽に手に入る時代だからです。
この豆があるならば、お家でもおいしいコーヒーを楽しんでいただける
そう確信して私はこの本を作りました。
10代から役者を志し、夢破れてアラサーで無職になった私に
生きる喜びや夢を与えてくれたのが、おいしいコーヒーでした。
コーヒーは、なにも持たない人間にも幸せを与えてくれました。
この本で私が心がけたのは、「楽しんでいただく」ことだけです。
テクニックとかうんちくが先に来てしまうと、本当は楽しいことなのに
楽しくなくなってしまう場合もあると思ったからです。
だから、手順も分量もほどほどに、「まずは考えずにやってみよう！」
これが、この本を読んでいただく正しい姿勢です。
また、苦いのが苦手でも酸っぱいのが苦手でも構いません。
甘さとほろ苦さ、甘さと甘酸っぱさが絶妙なレシピも用意しています。
たった一杯で幸せになるコーヒーが、あなた自身の手によって
あなたに、そしてあなたの周りの人に届くことを祈っています。

家コーヒーを始めるために必要な道具たち

必

初めての道具❶

ペーパードリッパー

これぞ基本のき

ビギナーの方に最初のドリッパーとしてオススメするのがこちらです。なにより入手しやすく、また比較的安価で手入れや取扱いも楽チンです。

必

初めての道具❷

ペーパーフィルター

ドリッパーとセットで

ペーパードリップには、ペーパーフィルターが必需品です。台形型、円錐型などドリッパーの形状に応じて変わるので、購入時は注意してください。

必

初めての道具❸

コーヒー豆

選ぶのが楽しい！

私はスペシャルティコーヒーの豆を前提にこの本を作りました。シングル、ブレンドとありますが、豆の個性を見て聞いて、選んでください。

必

初めての道具❹

サーバー

ここにコーヒーを抽出

ドリップする時、コーヒーを受けるのがこのサーバーです。同時に、ここからカップへと注ぎます。目盛りが入っていて抽出量を見るのに便利です。

必

初めての道具❺

ケトル

専用のものがマスト！

コーヒーを抽出する時、湯量の調節と正しいポイントにお湯をさすのが必須です。注ぎ口が細い専用ケトルでないと、的確な作業が行えません。

初めての道具❻

ミル

挽きたてじゃないと！

お店で豆を挽いてもらってもよいですが、挽きたての味わいにはかないません。数千円からありますので、できればご購入いただけますか。

初めての道具❼

ドリップスケール

安定を求めるなら

ドリップ時に湯量と抽出時間を計れるのがこの器具です。何秒間に何cc注ぐか把握するのが、おいしいコーヒーを安定して淹れる最短距離です。

初めての道具❽

フレンチプレス

豆のすべてを抽出！

ペーパードリップ同様に、オススメなのがこの抽出器具です。お湯を入れて待ってこすだけですが、安定しておいしいコーヒーが淹れられます。

必 このマークがついている道具は、なにがなんでもそろえていただきたいものです

EXILE TETSUYA × 大塚朝之

コーヒーのある生活って楽しい!

家コーヒー談義

業界きっての"コーヒー通"のアーティストとして知られるEXILE TETSUYAさん。実は5年前までブラックコーヒーが飲めなかった!? そんなTETSUYAさんをコーヒーの道に引き入れた大塚朝之と、この日は久しぶりにコーヒー談義。思い出話から家コーヒーの魅力まで、話は尽きません！

猿田彦珈琲の生みの親はTETSUYAさん!?

TETSUYA（以下T） 僕らが出会ったのは、芝居の稽古に通っていた頃。（大塚）朝之は当時、役者志望で稽古場に来ていて。よく朝之に台本の読み合わせに付き合ってもらったりしていたのですが、ある日突然、「コーヒー店を出そうか悩んでいる」って相談を受けたんだよね？

大塚朝之（以下O） TETSUYAさんは、当時も普段から僕やスタッフの方に気遣いが丁寧な人で。そんなお人柄だったから、「この人になら相談できる」って思って。それで背中を押してもらって、恵比寿に「猿田彦珈琲」を開く決意をしたんです。

T 当時は、好きこのんでコーヒーを飲む人間ではなかった。だから、「もしカフェモカがあるなら遊びに行くよ」なんて冗談で言っていたんです。

O 恵比寿店のカフェモカというメニューは、TETSUYAさんのために作ったんですよ（笑）。

T （笑）。初めて店に行った時に、朝之が目をキラキラ輝かせてコーヒーを差し出してきて。それはカフェモカではなくブラックで、ひと口飲んだ瞬間に感動しました。

O よく覚えてます。その時の豆はジョージ・ハウエル（※P103）の「スマトラ」でした。すごく個性的な酸が特徴のコーヒーでしたよね。

T それを飲んでいたら、隣のお客

さんが、いきなりスプーンを取り出して、同じコーヒーをすくって飲みだして。実はその彼が、現在、「猿田彦珈琲」の焙煎担当です（笑）。当時の僕は、ジョージ・ハウエルもカッピング（※P96）も知らなくて、全部初めて出会ったものだったんですが、その場の空気や会話がすごく心地よかった。それで、「家でもコーヒーを淹れたい」って思うようになったんです。

O　本当にその日に、「家でコーヒーを淹れるための道具を見つくろってほしい」って依頼されましたもんね。

T　（笑）。当時は知識が全然なかったので「カッコよくて、オシャレな雰囲気のものでそろえてほしい」ってお願いしたよね。あの日にそろえてもらった道具は、今でも大切にしています。家でコーヒーを淹れるようになったら、今度は人にふるまいたくなって。そこから、どんどんコーヒーにハマっていきました。

O　それで早起きされてますもんね。EXILEさんのメンバーの方々やスタッフの方にコーヒーを淹れるために。

T　朝起きてまず、「今日は誰に会うかな」とか、その日の予定を確認しながらコーヒーを淹れる。その人のイメージに合う豆を選んだり、「どのタイミングで飲んでもらえるかな」とか想像しながら朝を過ごすと、頭がクリアになるんです。コーヒーを飲むようになってから朝が楽しくなりました（笑）。

O　それで、ツアー中に朝早くから豆のことで電話がかかってくる（笑）。

T　そうだね（笑）。結果、その日に想像していた人に飲んでもらえなくても、たとえばフラッと立ち寄ったお店のスタッフさんと仲良くなって、その方にコーヒーをボトルごとプレゼントしたり。「きっとこの人にプレゼントするために、僕はこのコーヒーを淹れたんだ」って考えると、一日がハッピーになるんです。だから、コーヒーが引き寄せてくれる様々な出会いが楽しみですね。たった一杯から生まれる、コーヒーの幸せの派生がすごいなって、日々実感しています。

O　TETSUYAさんとお話すると、コーヒー業界の方とは違ったコーヒー論をお持ちなので、とても勉強になるんです。業界内の人間同士だと、どうしても豆の分量とか、数字や技術の話ばかりになってしまいますが、TETSUYAさんは、「どうしたらお客様に満足していただけるのか」というお話で。時にはEXILEさんがファンの方をどうやって大切にしているか、というお話も聞かせていただいたり。本当にいい勉強になっています。うちのスタッフの面倒もよく見ていただいて…。

T　創業当時はスタッフは4人だけだったから、よく食事に行ったり忘年会をやっていたよね。

O　僕よりずっと面倒見がいいから、TETSUYAさんの言うことしか聞かないスタッフもいますね…（笑）。

T　（笑）。一杯何百円という世界で、

ツアーグッズの豆を一緒に詰めたことも

家賃や機材のお金もかかって、大変だろうな、って。そんな時期だったから、僕なりに応援したい気持ちでいっぱいだった。それが今では7店も展開して、100人以上のスタッフがいる。すごいことだと思います。最初のころ、ツアーグッズでコーヒー豆をお願いしたんだけど、あれは大変だったね(笑)。

O　お気持ちがすごく嬉しくてお受けしたのはいいんですが、当時の店の機械ではまったく処理できなかったんです。20万円出せばいい機械が買えたんですけど、当時の僕にはそれさえなかった。で、いよいよ「本当に間に合わないぞ!」ってことで、なんとかお金を工面してグラインダーを買って。ライブの準備の合間にTETSUYAさんも一緒になって、袋にスタンプを押す作業をしてくださって(笑)。そのグラインダーは、今でもレジ横に置いてます。店の魂みたいなものだから。

T　自分が朝之にできることはなんだろう…と考えた時に、やっぱり仕事でなにかをお願いすることが一番の応援になると思った。当時、一緒にコーヒーを飲んでいると朝之は「将来、コーヒーで有名になって、TETSUYAさんと一緒に仕事したい」という夢を語ってくれたんです。その夢がまさに今、現実になっているから、本当にすごいと思う。

O　プライベートでも、長い時間一緒に過ごさせてもらって、今までたくさんのお話をさせていただきましたけど、TETSUYAさんは、僕の転機という転機のすべてに、絡んでくれているんです。

T　僕にとっても、この店に来ることで得るものがたくさんあるんです。今ではこれだけ拡大して、100人のスタッフさんがいて。その全員に朝之の思いを伝えるのって難しいでしょ? でも、そんな困難な状況でこそ、リーダーシップって見えてくるなって。

O　求め過ぎてしまうのか、スタッフにすぐに怒りを覚えてしまいます。

T　全員に伝えるのは本当に大変だし、時に怒りを感じてしまうのも理解できるよ。僕の場合、ダンスが大好きで、これまで続けてきて。その中で、ファンの方がパラダイムシフトした瞬間を目撃したことがあった。その経験から、スタッフさんやEXPG(TETSUYAさんの所属事務所が運営するダンス&ボーカルスクール)の生徒たちを引っ張り上げるために、どういう言葉を投げかけたらいいのか、どういう行動を見せたらいいのかってすごく考えたんです。でも、そもそもその意識が生まれたのは、この店でコーヒーを通じて、朝之とスタッフさんを見ていたのがきっかけだったんだよね。

O　そうなんですか! もちろん僕も何人かのスタッフと、「ああでもない、こうでもない」って意見を言い合うことを大切にしています。でも、全員の意見を取り入れることはできないですよね。

T　そうだよね。でもどの店に行っても、スタッフさんの対応が気持ちいいって思えるのは、朝之が築いてきたものなんだと思う。ちゃんと朝之の思いは伝わっていて、現在の店の雰囲気につながっているんだと思う。

O　もしうちの店が、ほかの店より優れている

これが、思い出のグラインダー。恵比寿本店で、今でも稼働中だ

コーヒーを通じて、いっそう仲を深めた2人。思い出が、当時一緒に飲んだコーヒーと結び付いて記憶されているのには驚き！

ものがあるとするなら、TETSUYAさんのアドバイスがあったからだと思います。来ていただくたびに、気付いたことを教えてくださるんで。

T　コーヒーの楽しみ方を教えてもらえたことに、僕も感謝の気持ちでいっぱいです。たかが一杯と思いきや、されど一杯だからね。

コーヒーから生まれた夢で他人を幸せにしたい！

O　ところでTETSUYAさん、ついにカフェをプロデュースされたんですよね(※16年11月22日に中目黒にオープンした「AMAZING COFFEE」のこと)。

T　今までコーヒーが好きで、自分で飲んだり、仲間やスタッフさんにふるまったりしてきたんですが、いざ店というカタチでやるとなると、責任感の重さが違いますね。

O　でも、TETSUYAさんはコーヒー店の人のように詳しいから、絶対素晴らしいお店になりますよ。

T　猿田彦で学んだ経験を生かせるように頑張ります。特に、スタッフの育成については考えるよね。僕が店に立つことはできないから。コーヒーの淹れ方や技術的なことはもちろん、お客様へのふるまい方にしても、本当はもっと時間をかけて丁寧に関わっていきたい。でも現実的に難しい面もあるので、そういう部分で朝之に助けを借りたいと思っています。

O　僕は店を持つまで、家に遊びに来た人にコーヒーをふるまっていたんです。それが楽しかったのがきっかけで、当時、「もし自分でお店をやるなら、そのようなコーヒーの工房みたいなワクワクする場にしたい」と思ったんです。もしかしたら、TETSUYAさんも同じ心境なのかなと思いました。

T　まさにそう。コーヒーが好きだから、最初はツアーグッズとして「AMAZING COFFEE」を作って、さらにそれが高じてカフェを持つ、という一つの夢ができた。E

X-LEは、「夢の持つ力」や、「夢をかなえる素晴らしさ」を常に掲げていて、僕はそれを伝えていきたい。僕の夢がまた一つかなうことで僕はもちろん、どれだけの人をハッピーにできるだろうって。ここに関わるスタッフさんをハッピーにすることができれば、その思いはきっとお客様に伝わっていくと思うんですよね。夢をかなえた分以上のハッピーをお客様に伝えていきたいんです。

O　コーヒーを通じて、そんな思いを提供する場を作るって素敵なことですよね。

T　コーヒーにはいろいろな素晴らしい効果があって、脳を活性化させる効能もあるそうなんだよね。だからコーヒーを飲んでいる時に生まれる言葉とか、会話を大事にしたい。きっとクリエイティブな発想も、よりクリアに見えてくると思うので。

O　そうですね。コーヒーがちょっとでも世の中の役に立つなら、コーヒー屋として本当にうれしいです。

美味しいよりも、楽しいが正解！

T　最初に恵比寿店に遊びに来たのが2011年で、そこからほぼ毎日コーヒーを飲んでいます。

O　見事にハマりましたよね。

T　一度コーヒーを飲み過ぎて、カフェイン中毒みたいになってしまって（笑）。おいしいコーヒーがたくさんあったから、飲み過ぎたら血糖値が下がりすぎて頭痛くなって。

O　チョコを食べながら飲まないとですね（笑）。コーヒーの器具をそろえさせていただいた時、TETSUYAさんは当時、エアストリーム（キャンピングカー）をお持ちで、それに合うものって注文でしたね。

T　実際、キャンピングカーで出かけて、そこで淹れた一杯は本当においしくて感動しました。ハマり症で、コーヒーもいろんな方と出会って情報交換するようにもなりました。

O　ご自宅も一時期、コーヒーショップ以上に、コーヒー器具がそろっていましたよね。

ここ5年で、コーヒーを飲まなかったのは5日だけ！

T　本当に台所がコーヒー器具で埋め尽くされてた（笑）。ようやく、それがカフェで使われるようになったりして、だいぶ落ちきました（笑）。

O　産地にも行ってましたよね。

T　まだハワイだけなんですよ。でもいずれは世界中の産地に行ってみたいんだよね。この間、ブラジル行ったんでしょ。どうだった？

O　衝撃的な豆に出合いました。ずっとそのコーヒーを味わっていたいくらいおいしくて。産地でのその感動を日本でも伝えたい気持ちが強くなって、店で使っているすべての豆に対して、より一層おいしくならないものか、ひとつひとつ見直しました。レベルアップしたと思います。

T　いいね！　僕は今、エチオピアの来客へのおもてなしの「コーヒーセレモニー」が気になっています。ゲストのために、焙煎から全部、手作業で行って2時間くらいかけるんだけど、その〝一杯〟を作るために手間ひまをかける、おもてなしを体験してみたい。ちなみに、日本国内で実際に再現してみたことがあって、焚き火をして豆を焙煎することからやってみて。たぶん、どんなコーヒーよりおいしかったと思う。経験に勝るものはないんだなと思いました。技術ではなくて、勘というか感覚的なものが重要なんだろうなと。

O　実際にそんなことまでやっちゃう人は少ないでしょうね。

T　外で飲むコーヒーがおいしく感じたり、一緒に飲む仲間によってもさらにおいしくなったりするよね。

O　僕は今、あらためてジョージ・ハウエルの豆を飲んでみたいんですね。

T　僕も飲みたい！

毎朝のルーティンとして、TETSUYAさんが淹れているペーパードリップの味をチェック。すると豆の焙煎の質に、話が及んだ。マニアックな2人

コーヒーを淹れる喜びで早起きになりました!

O　僕がオープン当初に目指したコーヒーなので、「これだ!」って当時の気持ちを思い出すためにも飲みたいですね。

T　今飲んだら、当時の感動とは違うのかもしれないけど、でもあの衝撃は変わらないと思う。最初、朝之が持ってきた時の顔が、まるで宝物を持っているかのようにキラキラしていたんだよね。

O　今思うと、コーヒーをあまり飲まない人にオススメするものとして正解だったかはわかりませんが(笑)。

T　僕が今、コーヒーを飲まない人にオススメする一杯は、あの時のコーヒーを目指すと思う。豆も、淹れ方も。まず自分が楽しみながら、心を込めた一杯で、どう心地よく過ごしてもらうかが大切だなって思います。

O　本当に楽しむことって大事ですよね。最近はコーヒーブームで、技術的なことや、知識を得ることももちろん大事なのですが、「楽しく飲む」という基本を忘れたくないなと思います。

T　当時、僕はペーパードリップも知らなくて、店のスタッフさんが丁寧に淹れ方や手順を説明してくれたんです。そうしたら朝之がパッと現れて、「順番はこうですけど、それよりとにかく楽しく淹れてください」って言ってくれて。すごくそれが心に刺さった。楽しんでいいんだって思ったら、おもてなしの気持ちが一気に湧いてきて。本当に考え方が変わった瞬間でしたね。

O　TETSUYAさんは豆についての知識や、それに伴うことをよく調べていらっしゃると思うし、探究心が本当に強いですよね。そのうえで、ダンサーということもあるのでしょうが、感覚でコーヒーを楽しむことも大事にしていらっしゃる印象があります。とにかく楽しんでいただけることが一番だと思います。

T　誰かのために一杯を淹れる。大切なのは、自分がその過程を楽しむこと。そこが実はエンタテインメントと通じているなと思ったんです。だからあの時の朝之の「楽しんで淹れてください」っていう言葉がなかったら、今みたいにコーヒーにハマっていなかったと思います。

O　「久々にスチーマーに触れた」っておっしゃってましたが、完璧なカフェラテができていますね。本当にすごいですよね。

T　家ではあまりエスプレッソマシンを使うことないから。ツアー中も含

エスプレッソの抽出において最も重要な工程の一つ、タンピングをするTETSUYAさん。大塚さんも厳しい目でチェック

カフェラテを淹れるのは久しぶりながら、会心のできばえ。淹れる人も淹れてもらう人も笑顔になるのが、コーヒーの喜びだ

めて、毎朝、豆を選んでミルで挽いて、ペーパードリップで淹れています。

O　本当に個人カフェですね(笑)。

T　ツアー中もそのために早く起きるんだけど、この「コーヒーを淹れるために早起きする」ことを理解してくれる人とは、だいたい友達になれるんです(笑)。

O　僕も同じです。TETSUYAさん、ライブにもミルを持参しているんですか。すごいですね。

T　最近は量もかなり淹れるから、電動のミルにしていて。毎朝、コーヒーを淹れることで頭を整理しているところもあるし。朝からその日会う人のことを考えながらコーヒーを淹れるって、その作業が毎日あるのとないのとでは、精神衛生的にだいぶ違うと思うんだよね。

O　おもてなしの精神ですか?

T　こっちも、考えるだけで幸せな気分になれるもん。コーヒーを飲むようになってから、朝が楽しい(笑)。

O　確かに、TETSUYAさんの生活リズム、変わったと思います。

T　朝から本当に充実しています!

コーヒーの中には人の笑顔が抽出されている

O　最近はどんなコーヒーを飲んでいるんですか?

T　コーヒーにハチミツを入れて飲んでる。ハチミツにも種類があるから、いろいろ合わせてみて。

O　淹れ方とかは?

T　ペーパードリップで淹れる時の話なんだけど、先に一度お湯を注いでペーパーをぬらしてからコーヒーを落とすか否か、そんな談議をすることがあって。都築くん(猿田彦珈琲の焙煎人)いわく、「紙を先にぬらしておくことで、うま味を底の方に閉じ込める効果がある」みたいなんだよね。それが妙に説得力があって。

O　いろいろな淹れ方がありますよね。ペーパードリップで蒸らしの時に、スプーンで撹拌する手法が流行ったじゃないですか。僕も試してみましたが、今はもうやってません。

T　人それぞれでいいんだよね。コーヒーを知れば知るほど、そう思うようになってきた。「これが正解」というより、楽しみながら経験を重ねることでおいしいコーヒーを淹れられるようになると思う。

O　スタッフといろんな技法を試して採用する。そういった手法についても考察しますが、何より大事にしていることはサービスです。もし仮に、味がちょっと落ちたコーヒーでも、僕たちの心遣いが満点だったらお客様には満足していただけると思っているところがあって。もちろん、味は落とさないですけど。

T　そうだよね。わざわざその店で飲むからには、環境も重要だし、サービスが決め手になるね。

O　飲む環境も含めて、コーヒーを楽しんでほしいと思って店を作って、お客様と共に風情が生まれる。素敵な流れですよね。TETSUYAさんがプロデュースされるカフェもきっとそういう場になるんでしょうね。

コーヒーと音楽　伝えたいことは一緒

T　さっきカフェラテを淹れていて思ったんだけど、やっぱりタンピング（エスプレッソを入れる際に、コーヒーパウダーを専用の道具でフィルターに押し入れる作業。この微妙な力加減で味わいに決定的な影響を与える）の時に、腕を垂直に曲げるって意識していても難しいね。

O　そうですね。人にはクセもあるから、どの部分も均等に力を入れるのは難しいですよね。ただ、ここまでできる方はなかなかいらっしゃらないので、問題ないですよ（笑）。

T　やっぱり慣れ親しんだ店で淹れてみるのは、ワクワクします。

O　なんの違和感もないですね。

T　今はいろんな器具が購入できるから、おいしいコーヒーを家で味わうことができるよね。

O　ただ「コーヒーを淹れる」のでなく、自分のためにも、一緒にいる人のためにも、心を込めて楽しみながら淹れていただきたいです。

T　役者志望だった朝之と、芝居の稽古を通じて出会ったけど、あの時、「来週から来られなくなるかもしれない」って急に言われた時は、まさかこんな風になるとは思ってなかった。朝之の本にこうやって呼んでもらえて、コーヒーについて語れているなんて感動的だよ！

O　本当にTETSUYAさんには感謝の気持ちでいっぱいです。

T　僕らは音楽やダンスを通してメッセージを発信しているけど、コーヒーを淹れることで「伝える」ことも一緒だと思う。僕らがライブで何万人ものファンの方から「ありがとう」と言っていただく言葉と、たった一杯のコーヒーに対して思っていただく「ありがとう」は、同じなんだと思った。たった一杯のコーヒーだけど、淹れた相手の喜ぶ笑顔、それを見て感じるハッピーな気持ち、その連鎖が僕のステージライフも変えてくれたと思っています。

O　コーヒーが好き、このおいしさを伝えたいと思う気持ちを大切にしていきたいと、あらためて思います。

T　こんな話ができるのも、コーヒーのおかげかな（笑）。この本を読んだ方が、僕が毎日感じている「コーヒーを淹れることは、笑顔を抽出していること」という思いを共有してくれたらうれしいな。

O　笑顔を抽出するって、素敵な言葉ですね。

T　僕を導いてくれた朝之の本だから、読んだ方は人をハッピーにする一杯を淹れられるようになると思います。技術や知識ではなくて、楽しんでコーヒーを淹れてください。

EXILE
TETSUYAさん
2月18日生まれ。EXILE、EXILE THE SECOND、DANCE EARTH PARTYのメンバー。E.P.I.所長も務める

Contents

Contents

6時限目 コーヒーの座学
コーヒー豆ってなんだ? 051

7時限目 アレンジドリンクに挑戦してみよう 057

8時限目 コーヒーの頂点・エスプレッソを飲んでみよう 079

9時限目 コーヒーの座学
エスプレッソってなんだ? 087

10時限目 あなたの味方・バリスタとロースターの役割 093

特別企画
コーヒー用語辞典 098
全国コーヒーショップガイド 110

おわりに —オリジナルペーパードリッパーを作っちゃいました— 118

[この本の使い方]
掲載された情報およびデータなどは2016年11月初旬時点のものです。コーヒー理論や技術の進化、さらに著者の今後の学習によって、考え方やレシピが変更になる場合がございます。また、ショップガイドで掲載しているメニュー内容、営業時間、定休日なども変更になる場合がございます。ご了承ください。

[ショップガイドの凡例]
住 住所　電 電話番号　営 営業時間
休 定休日　席 席数　交 交通アクセス
Ⓙ JR　Ⓧ 東京メトロ　都 都営線　小 小田急線　東 東急線　王 京王線　武 東武線

Coffee Study

1

時限目

とりあえず ペーパードリップ してみよう

コーヒーを初めて淹れてみようとするあなたに
オススメするのが「ペーパードリップ」です。
器具のバリエーションも豊富で、
さらに同じ器具でも淹れ方はさまざまあるこの抽出法は
入門編でありながら、ゴールと言えるほど奥深いのです。
難しいことは考えないで、さっそくやってみましょう！

おいしく淹れることよりも まずは楽しく淹れることが大切！

抽出器具はさまざまあり、それぞれに長所と短所がありますが、初めてコーヒーを抽出するのに、私がおすすめするのは、カリタのドリッパーです。抽出口が3点あり、ムラなくすっきりしたコーヒーを抽出することができます。抽出スピードが早いので、蒸らしを含め、3回お湯を投入することで、成分をきちんと出しましょう

初級

使うのは…

[カリタ]

102-ロト

豆の種類	焙煎
ブレンド	浅〜深煎り
豆の量	**挽き目**
浅〜中17g、中深19g、深23g	中挽き
抽出量	**抽出時間**
200g	180秒
フィルター	**お湯の温度**
台形型	90〜95℃

❶ ペーパーフィルターを折る

フィルターの底側接着部分を折り、次にサイド接着部分を逆方向に折ります。交差して折ることで、ドリッパー内での座りをよくします

❷ 粉を入れ、平らにならす

ドリッパーにセットしたら、中挽きした粉を入れます。軽く振って、表面を平らにすることで、お湯がまんべんなく行き渡るのです

❸ 中心部分にお湯を優しく回し注ぐ

中心部分に楕円を描くよう全体にまんべんなく、優しくお湯を回し入れます(40g程度)。ふっくらと膨らんだら、お湯を止めます

❹ 膨らんだ状態で30秒ほど蒸らす

粉が膨らむのは、豆に含まれるガスが出てくるから。30秒ほど蒸らしガスを抜くことで、成分が抽出されやすくなるのです

❺ 蒸らし中に香りを覚えましょう

蒸らしを待つ間に香りをかいで、記憶しましょう。抽出後にかぐ香りとの相違点を知ることで、豆の質や状態がわかるようになります

❻ 蒸らしたら2回に分けて注ぐ

直径4〜5㎝の円を描くよう、50gほどお湯を注ぎ、手を止めます。落ちきったら再びお湯を注ぎ200g抽出したらドリッパーを外します

ペーパーはお湯で洗ってから使う、とか"常識"の多いコーヒー業界ですが、細かいことは気にしない！　とにかくやってみましょう。はじめに蒸らすこと、お湯を2投、3投と注ぐ時にサーバーの目盛りを見て抽出量を確認をすること。それでおいしく淹れられます。

中級

使うのは…

[ハリオ]

V 60 透過ドリッパー

豆の種類	焙煎
ブレンドでもOK	浅〜深煎り
豆の量	挽き目
浅〜中17g、中深19g、深23g	中挽き
抽出量	抽出時間
200g	180秒
フィルター	お湯の温度
円錐型	90〜95℃

❶ ペーパーフィルターを折る

円錐型フィルターは、サイドの接着部分を折ってドリッパーにセットします。これはフィルターとドリッパーを密着させるためです

❷ お湯を優しく注ぎ蒸らす

軽くゆすり表面を平らにしたら、中心から円を描くようにお湯を注ぎ30秒ほど蒸らします。お湯はまんべんなく行き渡らせます

❸ このドリップは粉の様子に注意！

この抽出のポイントは、粉の様子を注視して、小刻みにお湯を注ぐことです。お湯が落ちて表面がくぼみ始めたら、お湯を投入します

❹ 最初の1分はポタポタ落とす

蒸らしを含めて最初の1分は、コーヒーがポタポタと落ちる程度の速度で、ゆっくりと少量のお湯を注ぎます。風味を凝縮するんです

❺ 次の1分はツツーッと落とす

次の1分は、抽出されるコーヒーが、ツツーッと糸をひくような状態が理想です。回し入れるお湯の量と速度を丁寧に調節しましょう

❻ ラスト1分は流れ出るくらいに

最後の1分は少しスピードを上げて、流れ出るくらいの勢いでお湯を注ぎます。200g抽出したら、ドリッパーを外してください

風味の形成に注目したドリップ法を紹介します。最初の1分で酸味、甘み、苦味など主成分を極めてゆっくり抽出します。次の1分ではその主成分の濃度を調整し始めます。最後の1分では、コーヒーをさらに適切な濃度に調整しつつ繊細なフレーバーを抽出するのです。

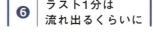

上級

使うのは…

[ハリオ]

V 60 透過ドリッパー

豆の種類	焙煎
シングルオリジン	浅〜中浅煎り
豆の量	**挽き目**
17g	中挽き
抽出量	**抽出時間**
200g	約180秒
フィルター	**お湯の温度**
円錐型	90〜95℃

❶ フィルターをお湯でぬらす

セットしたペーパーフィルターにお湯を注ぐのは、紙の微細な匂いを落とすため。繊細なフレーバーを出すには欠かせない作業です

❷ ドリッパー一式をはかりにのせる

①のお湯を捨てたら、ドリッパーに挽いた粉を入れ、軽くゆすって表面を平らに。サーバーごとはかりに乗せて、カウンターを0に

❸ 30gになるまでお湯を注ぐ

お湯を粉の中心部分に直径3〜4cmの円を描くよう、優しく回し入れます。カウンターが30gになるまで注ぎ、30秒ほど蒸らします

❹ 80gになるまでお湯を注ぐ

蒸らしたら、お湯がペーパーフィルターにかかるくらい、ゆっくり大きく回し注ぎます。カウンターが80gになったらストップです

❺ 140gになるまでお湯を注ぐ

ドリッパーのお湯がなくなるまで待ちます。ここで味をグッと抽出してるのです。そして今度は160gになるまでお湯を注ぎます

❻ 240gまでお湯を注ぐ

⑤のお湯がなくなったら、また回し入れます。240gになるまでお湯を注ぎ、抽出しきる前に200gになったらドリッパーを外します

繊細で甘い酸がある、フレーバー豊かなドリップコーヒーを安定して抽出するには、はかりを使うこの方法が合理的です。条件が一定ですから、豆の違いや焙煎の違いを比較し楽しむのにも適しています。ぜひシングルオリジン豆を抽出する時に、試してください。

番外篇

使うのは…

[カリタ]

ウェーブドリッパー185

豆の種類	焙煎
シングルオリジン	浅～中浅煎り
豆の量	**挽き目**
12g	細挽き
抽出量	**抽出時間**
200g	150秒
フィルター	**お湯の温度**
ウェーブ型	90～95℃

❶ フィルターをお湯でぬらす

ドリッパーにペーパーフィルターをセットし、お湯を注ぎ紙くささを取り除きます。サーバーのお湯を捨て、粉を入れてください

❷ ドリッパー一式をはかりにのせる

ドリッパーごと粉を軽くゆすって表面を平らにします。サーバーごとはかりに乗せカウンターを0に設定し、優しくお湯を注ぎます

❸ お湯を注ぎ粉をかき混ぜる

30gになるまでお湯を回し注いだら、優しくかき混ぜ、全体にお湯を行き渡らせます。注ぎ始めてから40秒で蒸らしは終了です

❹ 80gになるまでお湯を注ぐ

お湯がフィルターにかかるくらい、優しく大きく回し注ぎます。カウンターが80gになったら手を止めお湯が落ちきるのを待ちます

❺ 140gになるまでお湯を注ぐ

ドリッパーからお湯がなくなったら、同様に、お湯を大きく回し注ぎます。カウンターが160gになるまで注ぎ、手を止めます

❻ 最後の仕上げに軽くかき混ぜる

カウンターが240gになるまでお湯を注ぎ、スプーンでかき混ぜます。サーバーが200gに達したら、ドリッパーを外してください

蒸らしと、抽出の最終段階で「スプーンで混ぜる」ことにより、成分(フレーバー)を余すとこなく出し切る、それがこの抽出法のねらいです。これが凡庸な豆だと同時に苦味成分などまで出てしまうのですが、上質な豆を使えばクリーンさを保つことができます。

Coffee Study

2

時限目

コーヒーの座学

コーヒーの抽出ってなんだ?

ペーパードリップという抽出の仕方をお伝えしましたが
「抽出」とはいったい何なのか?
抽出法、あるいは抽出器具によってコーヒーの味わいに
どんな違いが生まれるのか。ここで解説したいと思います。
抽出という作業を楽しみながら
おいしいコーヒーを楽しんでくださいね

コーヒーの成分を取り出すのが抽出という作業

ペーパードリップをおすすめした理由

消費国に生きる私たちがコーヒーを楽しむうえで、最も身近な作業が、抽出です。豆を買ってきてそれを挽き、コーヒーを淹れる。それがおいしく入ったなら、誰でも幸せな気持ちになるでしょう。コーヒーにかかわる作業で最も楽しいものの一つ、それが抽出だと思います。

この抽出ですが、ひと言で言うなら「コーヒーの成分を豆から取り出すこと」です。コーヒーの成分は、「コーヒー豆のポテンシャル」と言い換えることができて、すなわちコーヒーを抽出することは、コーヒー豆を最大限に開花させることなのです。特にスペシャルティコーヒーにとっての抽出は、「いい豆なんだから全部を出し切りましょう」というのが、基本姿勢だと言えると思います。

初心者の方に「ペーパードリップ」をおすすめしましたが、これは「透過法」という抽出方法の一つで、コーヒー豆にお湯を注ぎ、紙製のフィルターでろ過しながらコーヒーを抽出しているのです。

なぜペーパードリップかというと、理由は2つあります。第一に道具を価格的にも物理的にもそろえやすいから。取扱いも楽チンです。次に、スペシャルティコーヒーの時代になって、抽出そのものの考え方や方法が見直される時を迎えたことです。特にペーパードリップの「フレーバーを明確に出す」という方向性は多いに注目されることになりました。素晴らしいコーヒー豆を楽しむにあたって、最も優れた抽出法の一つであることは間違いありません。

スペシャルティコーヒーとペーパードリップの関係

スペシャルティコーヒーにおいてはなにが評価され求められているか。これを説明するのが、ペーパードリップをご理解いただく最短距離かもしれません。

つい最近までコーヒーに求められたのは「強い味わい」でした。苦味とコク、深い焙煎のコーヒーが好まれ評価される傾向にあり、高い評価を受けるコーヒー豆は「ボディ」のあるものでした。

それがスペシャルティコーヒーの時代になると、「強さの前にかき消されてしまう繊細さをもっと評価しようよ」と、声が上がるようになりました。そしてボディに代わって評価されるようになったのが「マウスフィール」でした。素晴らしいマウスフィールのコーヒーになるために必要なことは、クリーンで甘さがあることです。するとなめらかな質感が生まれます。コーヒーに透明感が備わっていれば、繊細なフレーバーも感じやすくなってきます。そして焙煎も「より豆の個性が見えやすくなる」浅煎りにシフトしたのです。

強さの前にかき消される繊細さ、これを感じるうえで必要なことは、

ドリップコーヒーの変遷

味わい ＼ 時代	昔のコーヒー	少し前のコーヒー	今のコーヒー
甘さ	弱	強	強
酸のさわやかさ	弱	弱	強
味の強さ	中	強	中
	↓	↓	↓
	フラットで平坦な味わい口当たりはいい	ずっしりしたコクと苦味、カラメルの甘み	すっきりした透明感、酸と複雑なフレーバー

「透明感」です。仮に甘さやフレーバーが特別に強い豆でなくても、透明感があればそれを感じやすくなるからです。そして、最も透明感のバランスに優れた抽出法が、ペーパードリップだと私は考えています。

ペーパードリップだけが抽出法ではない

ではスペシャルティコーヒーは、すべてペーパードリップで淹れましょうということかと言うと、それはまったく違います。単純に同じペーパードリップでも、ドリッパーが違えばコーヒーの味わいは変わってきます。わかりやすい例として、カリタの3つ穴ドリッパーと、メリタの1つ穴ドリッパーで説明します。前者は穴が多い分、お湯を注いだらペーパーを通ってコーヒーが落ちてくるスピードが速いです。後者はお湯がドリッパー内で滞留して、抽出スピードは遅いのです。乱暴に言えば、前者はすっきりとした味わいに、後者はどっしりとした味わいになりやすい。それはお湯が長く留まっている分、成分がより多く抽出されるからです。もちろん注ぐお湯の量や回数、湯温や粉の挽き目と量など、さまざまな要素が絡み合って味わいは決まるので、一概に言えるものではありません。

重要なのは、まずは手軽かつスペシャルティコーヒーに寄り添うように使用されてきたペーパードリップで、まずは抽出に挑戦してみること、です。そして抽出に楽しさを感じて、作業に馴れたなら、そのほかの抽出法に挑戦することを、私はおすすめします。いろいろ試してみることで現れてくる、コーヒーの奥深い魅力を楽しんでいただきたいのです。

2大抽出法 透過法と侵漬法とは

コーヒーの抽出法は、大きくは2つあります。一つがペーパードリップに代表される透過法、もう一つがフレンチプレスに代表される浸漬法(しんしほう)です。

透過法はコーヒーの粉にお湯を注いでフィルターを通してろ過し、コーヒーを抽出する方法です。浸漬法はコーヒーの粉をお湯に浸して、抽出を終えたらコーヒーと粉を分離する方法です。

前者は目の細かいフィルターを使用すると、微粉やコーヒー豆の油分をほぼカットして、目が粗いとそれらがコーヒーと共に抽出されます。微粉は透明性を阻害しますが、油分はフレーバーを含むと同時に、なめらかなマウスフィールを生みます。この目の粗いフィルターの代表格が、金属フィルターです。

後者の代表格がフレンチプレスで、日本では紅茶を淹れるのに使われることが多いですが、元々はコーヒーの抽出用に開発されたものです。この方法だと、フレーバーから油分まで、コーヒーの成分はすべて抽出されますが、やはり微粉が発生します。透明感が明確でフレーバー豊かな味わいのコーヒーについては、ペーパーフィルターに譲ります。

透過法と浸漬法、どちらが優れていると言うわけではありません。それぞれにメリットとデメリットはありますが、そこは好みの問題にほかなりません。私は、ペーパードリップの次はフレンチプレスを経験してみるのがいいと考えています。同じ豆、同じ焙煎でも、抽出法や抽出器具の違いで異なる味わいこそが、コーヒーの楽しさ、奥深さだと思います。このあと、ドリッパーの違いによって異なるコーヒーの味わいを表にまとめると同時に、3時限目ではそれぞれの抽出器具の使い方を解説していますので、参考にしていただけますと幸いです。

そのコーヒーが苦くなった失敗の理由

抽出したコーヒーを飲んだ時に、「あれ?」と、味わいに不満を感じることも当然起こりうると思います。その問題が抽出にあるケースも多いので、気をつけなければならない事柄を挙げてみます。

浅煎り豆(左)と深煎り豆。自宅でコーヒーを抽出して、焙煎による味わいの違いを楽しみたい

抽出で大切なのは以下の5点です。

①粉の挽き目
②粉の量
③コーヒーの抽出量
④抽出時間
⑤お湯の温度

これらがすべて適切で、はじめておいしいコーヒーが淹れられます。本来は豆の個性に応じて、挽き目を粗くして粉量を増やしたりなど、アレンジを加えることも多いですが、お家で楽しむにあたっては、その必要はないと思います。

多くの抽出の失敗が、「苦い」ということかと思いますので、次のように確認し、修正してみてください。

①粉の挽き目が細くないか
細ければ一段階粗くしてください

②粉の量が多くないか
多ければ、抽出量に対して適切な量に減らしてください

③コーヒーの抽出量が少なくないか
湯量とコーヒーの成分のバランスが悪いので、粉の量に見合う量を抽出してください

④抽出時間が長すぎないか
成分が過剰に出てしまって苦くなっている可能性があります。手早く淹れてみてください

⑤湯温が高すぎないか
抽出に使うお湯の温度が高すぎると、成分が出すぎて苦くなりがちです。90℃前後で抽出してみてください

これ以外にも、お湯を注ぎ入れる時に、きちんと全体に回しかけているか、豆ではなく、フィルターに直接お湯をあててしまっていないかなど、チェックすべき点はありますが、まずはここで挙げた5点をきちんと守ることを心がけてください。

温度で味わいが移ろう コーヒーの魅力

最後に抽出されたコーヒーの、温度と味わいの変化についてお話ししたいと思います。

コーヒーの温度が高い時、私たちが感じるのは、「フレーバー(風味)」と「香り」です。それがだんだん冷めていくと、今度は「酸の質」と「甘さ」が出てくるようになります。カップのコーヒーを置きっぱなしにすると、単に酸化が起こっておいしくなくなるだけですが、10分から30分ほどかけて、ゆっくりとコーヒーを味わうことは、理にかなっているのです。

ひょっとしたら、最初のひと口はあなたの好みとは違うかもしれません。でも冷めてきたら、まったく印象の違う、あなた好みの風味を醸すかもしれないのです。もちろん逆もまた然りですが、「コーヒーは、ゆっくりと温度による変化を楽しむ」ことを心がけてください。

スペシャルティコーヒーは、本当においしい豆です。抽出がカップクオリティを決めるとても大きな要素ですので、店でコーヒーを味わうだけでなく、お家で自分で抽出してみることで、その醍醐味を楽しんで追求していただけるとうれしく思います。

味わいの抽出器具ごとの特徴

	透明感	なめらかさ	甘さ	フレーバー	**それぞれの特徴**
ペーパードリップ	5	4.5	4.5	5	油分が除去され、なめらかさにやや欠ける。一方で抜群の透明感から、繊細な要素が見えやすい
プレンチプレス	3.5	4.5	5	5	フレーバーや甘み、なめらかな口当たりを感じられる。豆の微粉により透明感にはやや欠ける
エアロプレス	5	3	4	4.5	透明感と質のいい酸をいかに出すかに特化した抽出器具。その分、なめらかさには欠ける
金属フィルター	4	4.5	5	5	油分まで抽出するので、甘さとフレーバーに優れる。豆の微粉が、透明感をやや損なっている
ネルドリップ	4.5	5	4.5	4	優しい口当たりと甘さが魅力。布が吸収するため、フレーバーは思ったほど感じられない
ケメックス	4.5	4	4.5	4.5	ペーパードリップの一つだが、構造上、抽出時間が長くしっかりした味わいを感じられる

Coffee Study

3

時限目

さまざまな器具でコーヒーを淹れてみよう

コーヒーを抽出するための器具は、さまざまあります。
ドリップするもの、お湯に浸すもの、圧力をかけるもの…。
その方法によって変わってくるコーヒーの味わいは
まさにコーヒーという飲み物の奥深さを示すものです。
ペーパードリップも追求しがいのある最高の抽出法ですが
いろいろと試すことで、さらに楽しさが増しますよ！

シンプルだけど奥深い、最良の抽出法の一つ！

お湯を注ぎ入れてから、4分経ったら抽出は完了。プランジャーを底につくまで静かに押し込み粉を分離したら、飲み頃です！

フレンチプレス

使うのは…

[ボダム]

350ml コーヒープレス

豆の種類	焙煎
すべてＯＫ	浅～深煎り
豆の量	**挽き目**
17g	中挽き
抽出量	**抽出時間**
300g	240秒
フィルター	**お湯の温度**
金属フィルター	95～100℃

❶ 器具をセットする

粉の分離のためのプランジャーという取っ手に、３つの金属フィルターをセットします。下がクロス型、真ん中がメッシュ型です

❷ ポットに粉を入れる

まずはオーソドックスに中浅煎りの豆を中挽きで使ってみてはいかがでしょうか。空のポットにコーヒーの粉を入れます

❸ タイマーを４分にセットし湯を注ぐ

湯を注ぎ入れると同時にタイマーはスタートです。1投目は蒸らしのためです。湯量は豆全体に行き渡るよう、50gほどが目安です

❹ 蒸らして、成分を出やすくする

粉の状態や焙煎の深さで発生量は異なりますが、ガスを抜いて成分が出やすいよう蒸らします。総時間で30秒ほどこの状態を保ちます

❺ お湯をすべて注ぎ入れる

蒸らし後、300gまで湯を注ぎます。垂直に湯を入れ攪拌したら、ポットを傾け壁に沿うよう優しく注ぐ、というプロも多いです

❻ プランジャーを軽く押し込む

上からガス、粉、コーヒーと３層になりますが、豆がコーヒーに浸るよう、プランジャーを軽く押し込み、あとは待つだけです！

湯を注ぎ4分待つ、ただそれだけですが、これはプロがコーヒー豆を評価する際に行う「カッピング」に最も近く、豆の油分まで余すとこなく味わえる優れた抽出法です。湯の注ぎ方に一家言ある方も多いですが、気にせずジャバジャバ注いで攪拌してください。

使って楽しい！優秀なアウトドア抽出器具

北欧のスペシャルティコーヒームーブメントには、エアロプレスがありました。際立った酸が特徴の、紅茶のように軽いコーヒーを好む人には特におすすめです

エアロプレス

使うのは…

[エアロビー]

エアロプレスコーヒーメーカー

豆の種類	焙煎
シングルオリジン	浅〜中煎り
豆の量	**挽き目**
16g	中細挽き
抽出量	**抽出時間**
200g	約60秒
フィルター	**お湯の温度**
専用ペーパーフィルター	90〜95℃

❶ 付属フィルターを湯通しする

専用のペーパーフィルターをキャップにセットし湯通しします。両者を密着させることと、微細な紙くささを取り除くことが目的です

❷ チャンバーにキャップをセット

目盛りがある、お湯を入れるパーツをチャンバー、もう一方の筒をプランジャーと言います。チャンバーに①をセットします

❸ チャンバーに粉を入れる

フィルターをセットしたらチャンバーをひっくり返してプランジャーのゴム部分を挿入します。そしてチャンバーに粉を入れます

❹ チャンバーにお湯を注ぎ入れる

1投目は目盛り3まで、約100gのお湯を注ぎ入れ、スプーンで攪拌します（右頁の写真）。特に蒸らしは意識する必要はありません

❺ 2投目の湯を入れサーバーにセット

お湯を100gほど足して、チャンバーに、ゴム部分がすっぽり入るくらいプランジャーをさします。そしてサーバーにセットします

❻ 圧を感じながらギュッとプレス

注射器の要領で、手のひらでプランジャーを押し込んでいきます。はじめはかなり抵抗がありますが、10〜15秒ほどで底に到達させます

エアロプレスはフリスビーで有名なアウトドアメーカーが開発した、持ち運び用の器具です。空気圧を利用し短時間で抽出しますが、酸が際立ちすっきりしたコーヒーを誰でも簡単に淹れることができます。その特徴から、高品質で浅めの焙煎豆を使ってください。

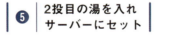

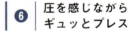

スペシャルティコーヒーの魅力を存分に引き出す簡単器具

ろ過速度が速いので、はじめはとまどうかもしれません。が、速いということは遅くできることでもあるのです。思うままにコントロールして、好みのコーヒーを抽出するのに適した器具です

金属フィルター

使うのは…

[大石アンドアソシエイツ]

コレス ゴールドフィルター

豆の種類	焙煎
どれでもOK	浅〜中深煎り
豆の量	挽き目
浅〜中17g、中深19g	中〜中粗挽き
抽出量	抽出時間
200g	110秒
フィルター	お湯の温度
金属フィルター	90〜95℃

❶ 軽く振り 粉を平らにならす

基本的な作業はペーパーフィルターと一緒です。挽いた粉を金属フィルターに直接入れ、軽く振って表面を平らにならします

❷ 粉全体に行き渡るよう、湯を注ぐ

中心に円を描くよう、お湯を優しく注ぎます。この時フィルターに直接湯を当てないよう注意。湯がもれ出て薄いコーヒーになります

❸ 蒸らして 粉を開かせる

30gほど湯を注いだら、手を止め蒸らしに入ります。ガスを抜いて、成分が出やすい"開いた"状態に粉を持っていくためです

❹ 2投目は 細く優しく注ぐ

粉のない縁に湯を当てぬよう優しく注ぎます。金属フィルターは目が粗く速く出るので、細く注ぎましょう。湯量は50gほどです

❺ 湯を落としきり 主成分を出す

湯を落しきることで、酸や甘み、主なフレーバーが抽出されます。続いて3投目も④と同じ手順で、200g分抽出します

❻ コーヒーを混ぜ 濃度を均一に

金属フィルターは目が粗いため、微粉がコーヒーに入ります。抽出後はスプーンで軽く混ぜて、濃度を均一にし、微粉をなじませます

ペーパーフィルターとほぼ同じ手順の金属フィルターですが、その味わいは異なります。前者がクリーンであるのに対し、後者は油分が出るため、まろやかさと甘さ、複雑なフレーバーを楽しめます。微粉の感触が苦手でなければ、よいパートナーになるはずです。

手間ひまがかかる分だけ
おいしいコーヒーが入ります

湯の滞留性が高いため成分がよく出ること、そして目が粗くコーヒーの油分が出ることが、ネルドリップの長所。蒸らし時に縦横に豆の膨張を許す構造も、特別なまろやかさの秘密だと私は思います

ネルドリップ

使うのは…

[ハリオ]

ウッドネック

豆の種類	焙煎
どれでもＯＫ	中深〜深煎り
豆の量	**挽き目**
中深20g、深25g	中〜中粗挽き
抽出量	**抽出時間**
200g	180秒
フィルター	**お湯の温度**
ネル（布）	90〜95℃

❶ 挽いた粉をネルに入れる

粉をネルに入れます。基本手順はペーパードリップとほぼ同様。ネルは卸したての場合、コーヒーで煮沸し糊を落として使用します

❷ 粉全体に湯を行き渡らせる

30gほどの湯を注ぎます。ネルがお湯を吸収するため、コーヒーがなかなか落ちてきませんが、それは気にしないで大丈夫です

❸ 蒸らしこそネルの本領発揮！

深煎り豆は最もガスを含んでいるので大きく膨張します。ネルは縦だけでなく横方向にも膨らむので、粉へのストレスが少ないのです

❹ 直径3cmの円を描くよう湯を注ぐ

ネルは湯が滞留するので抽出が遅いです。なので細く注ぐ必要はありません。注ぐ時は湯がネルに直接当たらぬよう注意しましょう

❺ 2投注いだらしばし待ちます

蒸らしで30g、2投目50gほどお湯を注いだら、手を止めます。ネルの中の泡が落ち着き出したら、3投目を注ぎ始めます

❻ ひたすら湯を回し入れ、フィニッシュ

フレーバーの形成は2投目まで、3投目は濃度調整と繊細なフレーバーを出すためです。180秒で抽出しきる意識で湯を注ぎ続けます

スペシャルティコーヒー以前、こだわりのコーヒーと言えばネルドリップでした。が、使用前後の煮沸、冷蔵保管など手間が多いことから、使用する人は少なくなりました。それでも、まろやかかつ風味豊かなコーヒーを抽出するこの器具は、試す価値があります。

すっきり派はドリップ、まろやか派は水出し！

ドリップコーヒーをサーバーごと氷水に浸けて、かき混ぜながら急冷。コーヒーに氷を直に入れると薄まってしまうので、この方法で冷やすほうがおいしく楽しめる

ドリップアイスコーヒー

使うのは… ｜［ハリオ］｜V60透過ドリッパー｜

豆の種類	焙煎
どれでもＯＫ	浅～深煎り
豆の量	挽き目
浅～中18g、中深20g、深24g	中挽き
抽出量	抽出時間
200g	180秒
フィルター	お湯の温度
円錐型	90～95℃

❶ コーヒーを ペーパードリップ

1時限目で学んだようにペーパードリップします。熱いコーヒーに氷を入れて冷やすより、サーバーごと急冷する方法がオススメです

❷ 氷を直接投入する人は、この方法！

熱いコーヒーに氷を入れて、アイスコーヒーを作ることも可能です。薄まることを想定し、ドリップする量を半分(100g)にしてください

❸ 氷水で手早く 急冷する

ボウルに水を張り氷を入れます。そこにコーヒーをサーバーごと浸けて冷やします。この時、スプーンで攪拌することで、急冷します

水出しアイスコーヒー

使うのは… ｜［ハリオ］｜水出しコーヒーポット｜

豆の種類	焙煎
どれでもＯＫ	浅～深煎り
豆の量	挽き目
70g	中細～中挽き
抽出量	抽出時間
700g	8時間
フィルター	お湯の温度
ポリエステル	10～15℃

❶ ポットに粉を セットする

ポット内のメッシュに挽いた豆を入れます。微粉が気になることもあるので、中挽きでじっくりと抽出することをおすすめします

❷ きれいな 軟水を注ぐ

ドリップの要領で円を描くように、水を注いでいきます。清らかな軟水は抽出を促しますので水にこだわるとよりおいしくなります

❸ 豆が沈みきるまで 水を注ぐ

粉はすべて水没するよう、水を注いでください。あとは一晩そのままにしておけば、まろやかで甘みのあるコーヒーができあがります

ドリップアイスコーヒーは、ペーパードリップしたコーヒーを冷やしたものです。フレーバーを充分に感じることのできる、さわやかな一杯になります。水出しは、抽出温度が低くフレーバーが出ずらいですが、甘みが増し、素晴らしいマウスフィールを楽しめます。

ケメックス

使うのは… ｜［ケメックス］｜コーヒーメーカー｜

豆の種類	焙煎
どれでもＯＫ	浅～深煎り
豆の量	挽き目
浅～中17g、中深19g、深23g	中挽き
抽出量	抽出時間
200g	180秒
フィルター	お湯の温度
専用ペーパーフィルター	90～95℃

❶ フィルターにお湯をかける

専用のペーパーフィルターをケメックスにセットしたら湯通しし、紙くささを取り除きます。お湯を捨てて、再度フィルターをセット

❷ 粉を入れたら揺すって平らに

まんべんなくお湯が行き渡るよう平らにならしたら、お湯を注いでしばし蒸らし。30秒ほど経過したら、2投目を投入開始

❸ 分量と時間を計り合理的に抽出

ここからはペーパードリップの、どの淹れ方でもOK。微調整が効く器具ではないので、分量と時間を計る、合理的な抽出がオススメ

インテリアの一部になるおしゃれな抽出器具

大小サイズがありますが、私は大を使います。というのもロウト型で口が長い構造上、小サイズだとフィルターが抽出したコーヒーに浸ってしまいそうになるからです

ろ過部分とピッチャーが一体になったケメックスは、1941年にリリースされた器具です。手順はペーパーフィルターとほぼ同じですが、抽出速度は遅めです。その分、成分はよく出て、誰もが安定したクオリティのコーヒーを淹れることができます。

Coffee Study

4

時限目

コーヒーの座学

スペシャルティコーヒーってなんだ?

堅苦しいことは私もきらいなんですが
この本を読むにあたって、必ず理解してほしいのが
スペシャルティコーヒー、という言葉なんです。
このすばらしいコーヒーに行き着くまでの紆余曲折は
コーヒーに興味のない人であっても
かなり楽しめると思います

全コーヒーでわずか5%!
素晴らしい風味を持つ
スペシャルティコーヒーとは?

スペシャルティコーヒーの定義とは?

コーヒーは熱帯、亜熱帯地域のおよそ60の国々で生産されています。

元々がエチオピアの高地由来の植物なので、熱帯・亜熱帯すべての環境で育つわけではありません。

「1000m以上の高地で、肥沃で水はけのいい、有機物を豊富に含んだ土壌」「年間平均気温が20℃前後で1200～1300㎜程度の年間降水量」「けっして霜が降りず、適度な日照と昼夜で寒暖の差がある」。これらの条件を満たす地域でしか質の高いコーヒーノキは栽培できず、それは地図で南北緯25度ほどの間、ちょうど南北両回帰線の内側にあたります。ちなみにコーヒー業界ではこのエリアのことを「コーヒーベルト」とか「コーヒーゾーン」と呼んでいます。

このコーヒーベルトで生産されるコーヒー豆の中で、わずか5%ほどが「スペシャルティコーヒー」と呼ばれています。私はこの本において、家でのコーヒーの楽しみ方をお伝えしていく所存ですが、前提には「スペシャルティコーヒー豆が手軽に手に入る」時代になったことがあります。「素晴らしいコーヒー豆があるから、お家でも、おいしいコーヒーが楽しめる」ということなのです。その素晴らしいスペシャルティコーヒーとは何なのか、ご説明したいと思います。

世界各国にスペシャルティコーヒーの普及に努める団体があり、日本にも存在します。その「日本スペシャルティコーヒー協会」のホームページでは、スペシャルティコーヒーを次のように定義しています。

「消費者(コーヒーを飲む人)の手に持つカップの中のコーヒーの液体の風味が素晴らしい美味しさであり、消費者が美味しいと評価して満足するコーヒーであること。

風味の素晴らしいコーヒーの美味しさとは、際立つ印象的な風味特性があり、爽やかな明るい酸味特性があり、持続するコーヒー感が甘さの感覚で消えていくこと。

カップの中の風味が素晴らしい美味しさであるためには、コーヒーの豆(種子)からカップまでの総ての段階に於いて一貫した体制・工程で品質管理が徹底している事が必須である。(From Seed to Cup)

具体的には、生産国においての栽培管理、収穫、生産処理、選別そして品質管理が適正になされ、欠点豆の混入が極めて少ない生豆であること。そして、適切な輸送と保管により、劣化のない状態で焙煎されて、欠点豆の混入が見られない焙煎豆であること。

さらに、適切な抽出がなされ、カップに生産地の特徴的な素晴らしい風味特性が表現されることが求められる」(SCAJホームページより抜粋)

スペシャルティコーヒーに求められる3大条件

私の考えるスペシャルティコーヒー

世界のコーヒー生産国

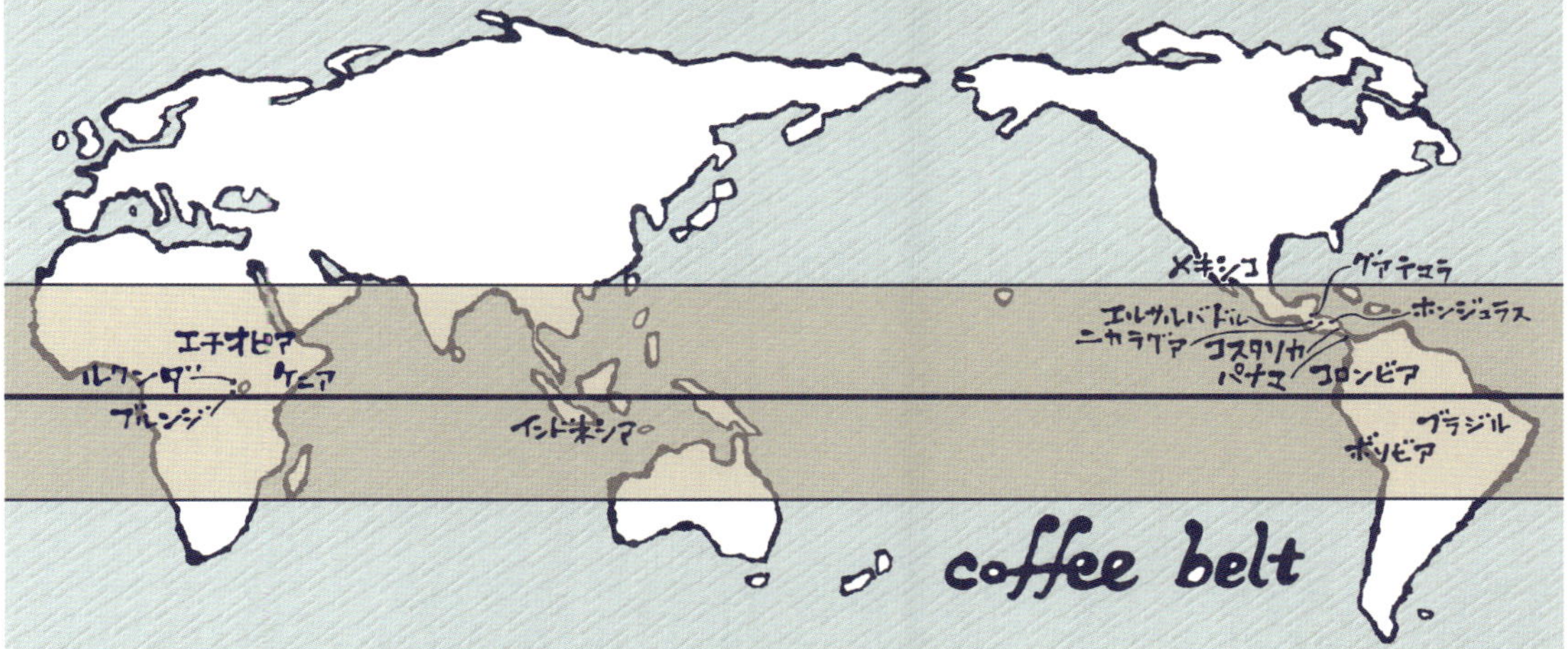

猿田彦珈琲では、コーヒー豆をアフリカ、中南米、そしてアジアはインドネシアから仕入れています。どの国のどの農園も、年によって多少の品質のバラつきはあるものの、総じて品質レベルが上がっていると実感します

は、一言で言えば「真摯に作られたコーヒー」ということになります。

農園の生産者も、私たち消費国のコーヒー業者も、おいしいコーヒーを目指して真摯に取り組む。その結果、生み出されるコーヒーがスペシャルティコーヒーと呼べるのだと思います。

私は、スペシャルティコーヒーにおいて次の3点を重要視しています。

①カップクオリティ

官能評価（センサリーテスト／カッピング）で100点満点中80点以上を記録したコーヒーである。

カッピングは生産地で専門家などにより行われ、80点以上を記録した豆だけが、スペシャルティを名乗ることができるのです。

②トレーサビリティ

流通の構造を可視化して、生産履歴と作り手を明らかにする。

どの国のどの農園で、どのように栽培・生産処理されたコーヒー豆なのか。生産者（農園）まで辿ることのできる仕組みが品質保証の証なのです。

③サステナビリティ

コーヒー農園の維持存続をはじめ、この産業にかかわる人々の持続可能性と健全な世代交代を目指す。

コーヒーの歴史を紐解くと、豊かな消費国が貧しい生産国から搾取するような構造があったことは否めません。それにより生産地は荒廃して、コーヒーの品質低下を招きました。

スペシャルティコーヒーは、豆の品質に応じて正当な報酬を支払う「フェアトレード」が基本です。これにより、生産者の生活レベルが保障され、コーヒー豆の品質向上に安心して取り組める環境が生まれるのです。

スペシャルティコーヒーが生まれるまでの変遷

スペシャルティコーヒーは、生産者と消費国のコーヒー業者が直接商取引することが基本です。どんな生産者によって、どのように作られているのかを知ることができますし、私がどんなコーヒー豆を求めていて日本のお客様はどんな嗜好性を持っているか、彼らに伝えることができます。交流を深めることでコーヒーのクオリティが向上していく、そんな手ごたえを実感しています。

さて「スペシャルティコーヒー」は歴史の中で、どんな変遷を経て生まれたのか、かいつまんでお話します。

コーヒーは15世紀半ば頃にアラビア半島南部で飲み始められたと考えられています。その後、中東やヨーロッパに広がったコーヒーは、19世紀後半から1960年代にかけての流通改革によりさらに広がります。これを「ファーストウェーブ」と呼びます。

コーヒーが爆発的に広まると、大量生産・大量消費の時代に突入しました。それは過度な価格競争を呼び、コーヒー豆の品質が低下してしまったのです。その反発から、欧米では高品質のコーヒーを要求する声が次第に高まっていきました。

ところで、この品質低下への反発の時代、1978年にフランスで行われた国際コーヒー会議において「スペシャルティコーヒー」という言葉が提唱されました。そこで、「特別の気象、地理的条件がユニークな香気を持つ特別なコーヒー豆を育てる」と表現されたのです。

このスペシャルティコーヒーの言葉が生まれた時代に前後して、高品質のコーヒーを提供したのが、スターバックスをはじめとするシアトル系のコーヒーショップでした。彼らが提供する深煎り豆によるエスプレッソ系ドリンクは世間に受け入れられ、大きくチェーン展開するようになっていきました。この頃が「セカンドウェーブ」と呼ばれています。ちなみに、スペシャルティコーヒーの世界で伝説的な存在として知られるジョージ・ハウエルがアメリカで頭角を現し始めたのもこの頃のことです。

世界中で高品質の“特別な豆”が求められるようになった1984年、消費大国アメリカに世界で初めてスペシャルティコーヒー協会が誕生します。その後、1991年には世界最大のコーヒー産地であるブラジルに、そして日本には1999年に設立されました（前身の「日本グルメコーヒー協会」が改称）。スペシャルティコーヒーが船出の時を迎えたのです。

カップ・オブ・エクセレンスに見るコーヒーの本質

スペシャルティコーヒーを語るうえで欠かせないのが「カップ・オブ・エクセレンス」です。これは複数のコーヒー生産国で開催されるコーヒー豆の品評会で、その年に収穫された豆からベスト1を選出します。ここで入賞した豆は「COE」の称号を得て高価格で取引されるのです。

ブラジルを訪ね産地を視察し、生産者と交流

　そもそもCOEは、生産国の貧困救済を目的とした「国連グルメプロジェクト」の集大成として始まりました。第1回は1999年に世界最大の生産国・ブラジルで行われました。

　COEの歴史的意義として特に語られるべき事柄が、この品評会において欠点チェックを行う従来の「サントス式」と呼ばれる評価基準でなく、ポジティブチェックのみを行ったことにあります。たとえばCOEでは「酸味が豊か」と評価される特性も、サントス式では「酸っぱい」と、欠点として評価されてしまうのです。コーヒーの持つおいしさ、素晴らしさを発見するのに必要なのは、消費者からのクレームを恐れたリスクヘッジではないと考えたジョージ・ハウエルは、サントス式とはまったく異なる評価基準をCOEに向けて考案したのでした。

　そして第1回COEは多くの注目を集め、入賞したコーヒー豆は、インターネットオークションで一般市場よりはるかに高額で落札され、プロジェクトは大成功を収めました。

　さらに注目すべきは、この品評会では、豆を評価する人間がほぼすべて消費国の専門家だったことです。私はこの点に、現在のスペシャルティコーヒーの繁栄を生んだきっかけがあったと考えています。この大会で入賞できなかった生産者にとっても、「消費国ではこういうコーヒーが評価される」という消費国からのメッセージが初めて伝わったと思うからです。もっとおいしい豆を作らなければならない、そんなモチベーションを生産者に示したコミュニケーションこそが、スペシャルティコーヒーが生まれた原点だと私は思うのです。

　COEは、貧困の中にあっても素晴らしい情熱と技術を持った生産者を発見し、敬意と対価を創出すると言うビジネスモデルを確立しました。

　そしてこの取組みの輪が世界中に広がって今に至るのです。

あなたの目の前の一杯が史上一番おいしいコーヒー

世界中で飲まれているコーヒーは、2000万の農家がその栽培に携わり、年間に4000万t以上のコーヒーチェリーが収穫され、700万t以上の生豆が輸出され、そして一日に飲まれる杯数は15億杯とも言われています。

　その中で、スペシャルティコーヒーが占める割合はわずか5％程度です。生産地では、気候や風土に従いながら栽培や精製の向上を図り、そして私たち消費国では、焙煎や抽出の技術向上に日々努めています。

　こうしてそのおいしさを追求され続けているスペシャルティコーヒーは、今、あなたの目の前にあるそのカップが、歴史上一番おいしいのかもしれません。その幸せを皆様に伝えることが、私たちの役割だと思うのです。

スペシャルティコーヒーの構成要素とフレーバー

［カップ・オブ・エクセレンスの評価項目］

❶クリーンカップ
❷スイートネス
❸アシディティ
❹マウスフィール
❺フレーバー
❻アフターテイスト
❼バランス
❽オーバーオール

［フレーバーの種類］

①フローラル
②アーシー／ハーブ
③ティー
④スパイス
⑤ロースト
⑥アルコール
⑦ナッツ
⑧シュガー＆ハニー
⑨チョコレート
⑩フルーツ

［フレーバーの中の、フルーツの種類］

❶シトラス（オレンジ）
❷アップル／ペア
❸メロン
❹グレープ
❺トロピカルフルーツ
❻ストーンフルーツ
❼ベリー
❽ドライフルーツ

スペシャルティコーヒーは、様々な要素で構成されています。フレーバーの中の、フルーツカテゴリーだけ見ても、こんなにあるのです。フレーバーを探しながらコーヒーを飲むと、あっという間に飲み終わってしまいます

Coffee Study

5

時限目

コーヒーの座学
サードウェーブってなんだ?

コーヒーの歴史を読み解くには
ファースト、セカンド、サードと、３つの潮流を
理解しておきたいところです。
私がコーヒーの歴史に感動したのは、
どの時代もみんなコーヒーを愛していたと知ったから。
第４の潮流はなにか!?　そんな予想も語っています

アメリカから始まった コーヒー界の新たな流れ、それがサードウェーブ

小規模コーヒー店が起こした革命がサードウェーブ

現在、コーヒー業界は、「サードウェーブ」と呼ばれる流れの中にあるとされています。ここでは、サードウェーブとは、いかなる現象なのか、そしてコーヒー業界の過去と未来について、お話ししたいと思います。

スターバックス・コーヒーが一世を風靡していた1990年代末のアメリカで、コーヒー豆の卸しなどで急成長を果たしたコーヒーロースター（焙煎業者）がいくつか現れました。

ポートランドの「スタンプタウン」、シカゴの「インテリジェンシア」、ノースカロライナの「カウンターカルチャー」は、その代表格です。彼らはスターバックスでさえ買い付けられないような高品質のコーヒー豆を調達し、真似のできない優れた技術力で素晴らしいコーヒーを提供し続け、人気を獲得しました。

特にスタンプタウンとインテリジェンシアは、焙煎そしてハンドドリップなど抽出の現場をパフォーマンス化することに注力し、新しいコーヒーの時代への風穴を開けたのでした。

サードウェーブとは、セカンドウェーブの中心的存在、圧倒的なブランド力を誇るスターバックスに挑む、ムーブメントでもあったのです。

サードウェーブはセカンドウェーブの延長？

「セカンドウェーブはチェーン店の時代、サードウェーブは個人店の時代」と対比的に捉えられていますが、はたしてそれは正しいでしょうか。

たとえばセカンドウェーブの象徴、スターバックスコーヒーは、全世界約60か国で1万8000店以上を展開する世界最大のコーヒーチェーンです。が、その巨大企業も元々は「おいしいコーヒーをみんなに飲んでもらいたい」という志を持った若者たちが集まり、1971年にシアトルで立ち上げた小さなコーヒー豆店でした。

彼らは産地と関係を築くことにも努力していましたし、その買付け価格は当時の市場常識を超えるもので、それによって救われた生産者は少なくないはずです。そうして仕入れたコーヒー豆を用いたカフェラテなど深煎りのエスプレッソ系ドリンクとフレンドリーな接客、さらにおしゃれなロゴ入り紙コップをテイクアウトするというスタイルで、ファーストウェーブ時代の負の遺産―大量生産大量消費による品質低下と消費者のコーヒー離れ―を払拭していったのです。

そして彼らが得た人気と信頼の結果がチェーン展開・大企業化なのです。

産地への徹底的な配慮がおいしいコーヒーの理由

サードウェーブの特徴は、高品質コーヒーを追求するために行われている「ダイレクトトレード」という言葉に集約されると思います。

ダイレクトトレードは、コーヒー豆の調達からお客様へのコーヒーの

ファーストからサードまで
コーヒーに起こった時代の波

ファーストウェーブ
［19世紀後半〜1960年代］

●流通発達により全世界にコーヒーが広まる
●保存に優れた真空缶コーヒーが家庭に普及
●大量生産・大量消費が品質の低下を招く

セカンドウェーブ
［1970年代〜90年代］

●おいしいコーヒーへの欲求が高まる
●シアトル系カフェが深煎りドリンクを発売
●テイクアウト用ロゴ入り紙コップが人気に

サードウェーブ
［1990年代以降］

●インターネットの普及が個人輸入を可能に
●個人店が一杯出しという付加価値化に向かう
●風味特性が生きる浅煎り豆のドリップ

提供に至るまで、徹底的に情報の透明化を図ります。また生産国の自然環境を守り、生産現場で働く人たちの労働環境を改善していくことも理念としています。年間に200日近くもコーヒーバイヤーが産地に滞在し、生産者と一緒に品質向上を考え、彼らの生活向上と継続可能な関係性を築き上げていく、そんな非効率なコミュニケーションも、ダイレクトトレードの一部なのです。

ここであらためてサードウェーブとはセカンドウェーブの延長なのか、というとそうは言い切れません。その違いは「チェーンと個人」という経営スタイルの違いに集約されます。

大企業においては、上場すれば株主の意向、すなわち利益の追求は避けられません。利益率をどんなに見直しても、コーヒー豆の原価高騰にあえば、諦めるか販売価格を上げるか選択しなくてはならないのです。また利益同様に重視しなければならないのが「顧客クレーム」です。大企業化すればするほど、株主と顧客の間で、企業が目指す理想の実現は困難になってしまうのは、コーヒー業界も同様です。

一方で、サードウェーブと呼ばれる時代が花開き出した90年代から2000年代初頭は、インターネットの普及時期にあたります。世界の消費国の個人カフェ経営者がインターネットオークションなどでスペシャルティコーヒーなど上質なコーヒー豆を購入し、それによる価格上昇はやがてチェーン店を一部排除するほどのものになりました。しかし個人店ならば、利益率が下がろうが経営者がよしとするならOKですし、また彼らは「上質な豆を一杯ずつ丁寧に淹れて、おいしいコーヒーを提供する」ことで付加価値を生みました。コーヒー豆の原価をそこで吸収できたのです。さらにスペシャルティコーヒーという概念が定着してきたことで、「その風味特性を最大限に発揮する」浅煎りの焙煎スタイルを採用しました。

ですから、たしかにサードウェーブはセカンドウェーブの特に初期とは共通項を持つけれど、経営スタイルとそのカップの中身には、確実に変化が起こっていたのです。

おいしいだけじゃダメ そんな時代に突入

サードウェーブの時代に、スペシャルティコーヒーという素晴らしい豆を手にし、コーヒーを提供させていただいている私たちですが、では、サードウェーブにはどんなのびしろがあり、成長をはたした未来には、どんなフォースウェーブが待っているのか、考えてみたいと思います。

猿田彦珈琲のモットーは、「たった一杯で幸せになるコーヒー」です。それには「おいしいコーヒー」が不可欠ですが、おいしいコーヒーとは何でしょうか。私は「味わいの隅々までを感じとることのできる透明感があり、複雑かつ豊かで個性的な風味があり、心地よい馥郁《ふくいく》とした質感を基調として、余韻の消失までを甘さの感覚が通底するもの」だと考えています。

「味わいの隅々までを感じとることのできる透明感」とは、一杯のカップに辿り着くまでの道程が真摯であり、洗練されたプロセスを経たことの証明です。「複雑で豊かで個性的な風味」とは、そのコーヒーが躍動的な魅力にあふれ、そのコーヒーを育んだ生命の力を感じられることを意味します。「心地よい馥郁とした質感」とは、シロップやシルクやベルベットのような感覚が、口の中を満たしてくれることを指しています。「余韻の消失までを甘さの感覚が通底する」ということは、飲み終わった後までも幸福感が感覚として残り、次の一杯を持ちわびる、そんな楽しみを与えてくれることにほかなりません。

しかし、お客様にご来店していただき、対価をお支払いいただいている以上、これは義務であり「たった一杯で幸せになっていただく」うえでは不十分だと思っています。「おいしいコーヒー」で留まっていては、サードウェーブの発展はこれ以上望めないかもと不安に思ってしまうのです。

たしかにスペシャルティコーヒー店の多くが、生産者に利益還元をしているし、おいしいコーヒーをお客様に提供してもいます。でもお客様は本当はもっと甘いものが飲みたいかもしれないし、スペシャルティコーヒー特有の酸が苦手かもしれません。ならばコーヒー屋としてできることは、もっとあると私は思います。

お客様へのホスピタリティこそ最も大切なものだと私は考えています。猿田彦珈琲はホスピタリティをほめていただくことがあるのですが、マニュアルに則った行動ではないのです。恵比寿で創業した当時、店は常に閑古鳥が鳴いていました。そんな状況にあって来てくださったお客様はかけがえのない存在に決まっています。当然、創業メンバーは心の中で涙し手を合わせながら、「ありがとうございました」と、お客様を出口までお見送りしていました。「どうかまた来てください」、そんな気持ちでおもてなししていた習慣が、自然と受け継がれているに過ぎないのです。

産地への配慮が、おいしいコーヒーにつながる

話はそれましたが、〝スペシャルティコーヒーの力を信じて〟浅煎り豆のシングルドリップだけでなく、コーヒーの苦手なお客様でも喜んでいただけるようなメニュー作りに取り組んでいかなければと思います。ホスピタリティの向上も欠かせません。マニュアル化されたフレンドリーさではなく、お客様のお顔を見ながら、変幻自在の対応をできるようになることを目指したいと思います。これらが達成できて初めて、「たった一杯で幸せになるコーヒー」に到達できるのではないかと思います。もちろん焙煎や抽出の技術を磨いていかなければならないのは言うまでもありません。

お客様の好みやニーズが多様化する時代に、自分たちを犠牲にしてでも喜んでいただけるようおもてなしする。そしてそれが至上の喜びである。そんな人間に私たちがなれた時、「おもてなしの国・日本」からフォースウェーブが始まるのかもしれません。

現在は、世界的に変化の時を迎えた

2015年に発表された国際コーヒー機関（ICO）の統計によると、世界最大のコーヒー輸出国はブラジル、輸入国はアメリカ合衆国となっています。ちなみに、日本はアメリカの3分の1程度。また、伝統的に巨大な消費基盤を持つヨーロッパですが、各国の単独輸入量はそれほどではありません。しかし、北欧では、国民ひとりあたりの消費量は日本の2倍以上もあり、ルクセンブルクにいたっては日本の8倍に達します。

経済発展の著しいBRICsも、近年コーヒーの消費量を劇的に増加させています。特にブラジルは世界の生産量の35％を担う最大の生産国でありながら、事実上、世界第2位の消費国となりました。地理的にロシアでのコーヒー栽培は不可能ですが、インドは世界第6位の輸出国で、中国もいずれは中央アメリカの総生産量に比肩する一大産地になるだろうと予測されています。

これまでコーヒーは「南で生産され、北で消費される」とされてきました。しかしサードウェーブの流れの中、新興市場としてのアジア圏、ブラジルを代表とする生産諸国での需要の伸びを考えると、人とコーヒーの付き合い方は新たな段階に入ったと言えるでしょう。

コーヒーの流通経路とカップの中身

ファーストウェーブ

コーヒーの普及を果たした時代だが、やがて利益追求が過剰になり、品質の低下と共に、消費者の「コーヒー離れ」を引き起こした

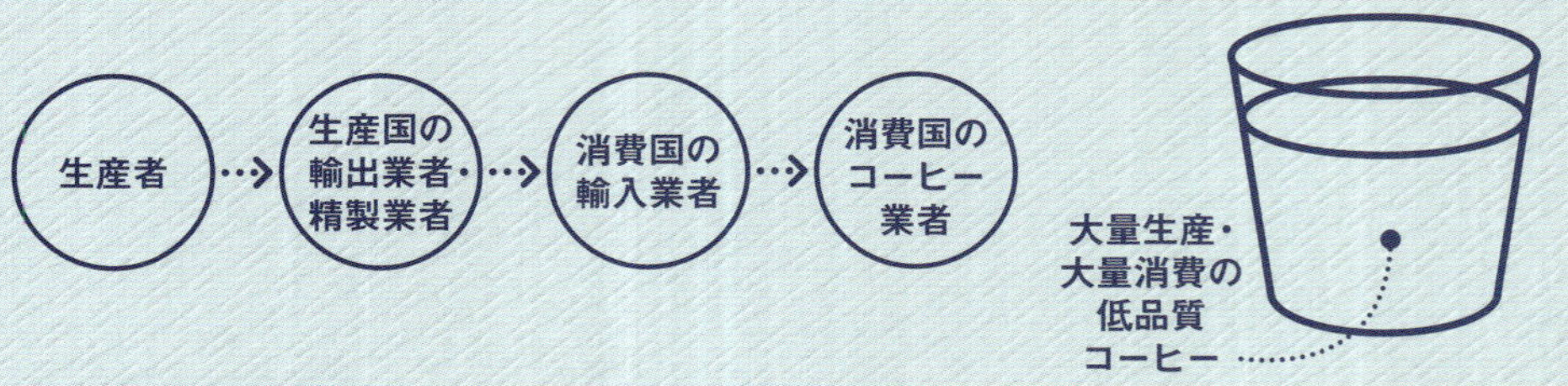

セカンドウェーブ

生産者とのダイレクトトレードにより、コーヒー・接客サービスともに質が向上。大企業化によりその後、品質の追求が停滞する

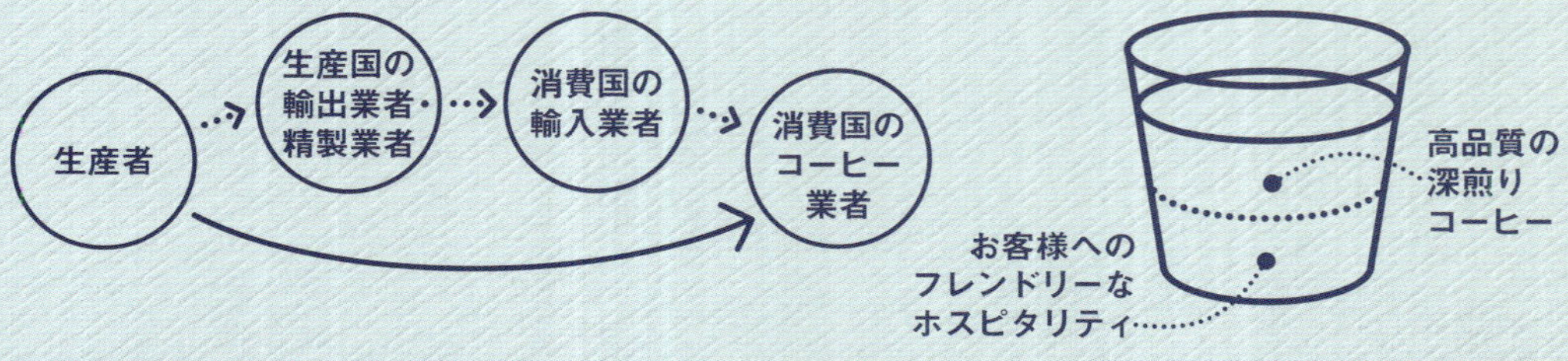

サードウェーブ

インターネット普及により生産者と個人経営者のダイレクトトレードが実現。価格高騰は起こるがハンドドリップの付加価値化で吸収

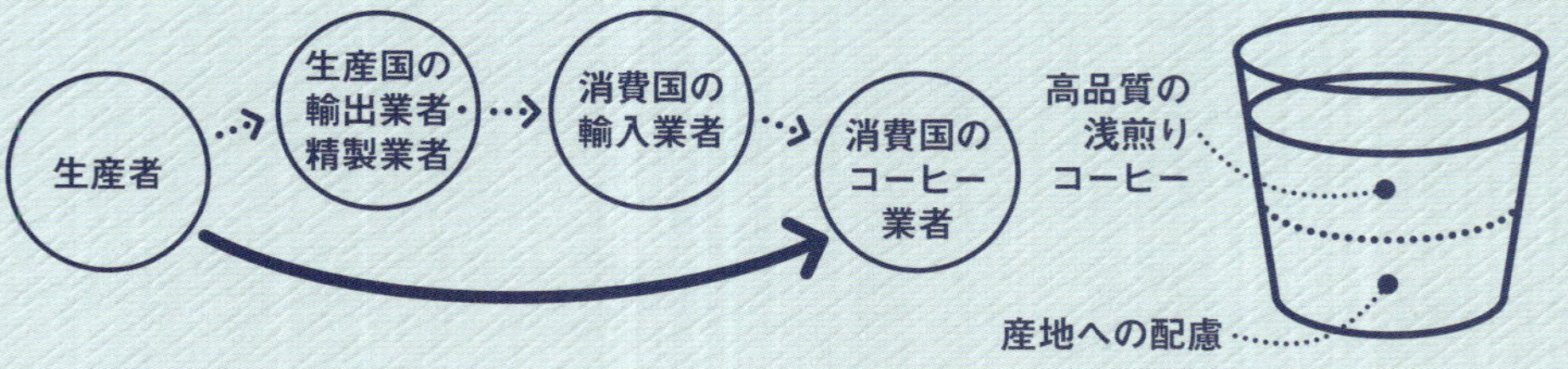

フォースウェーブ？

コーヒーショップから消費者への提案という一方通行が、解消。質の高いコーヒーがより多彩に提供され、おもてなしも大きく向上

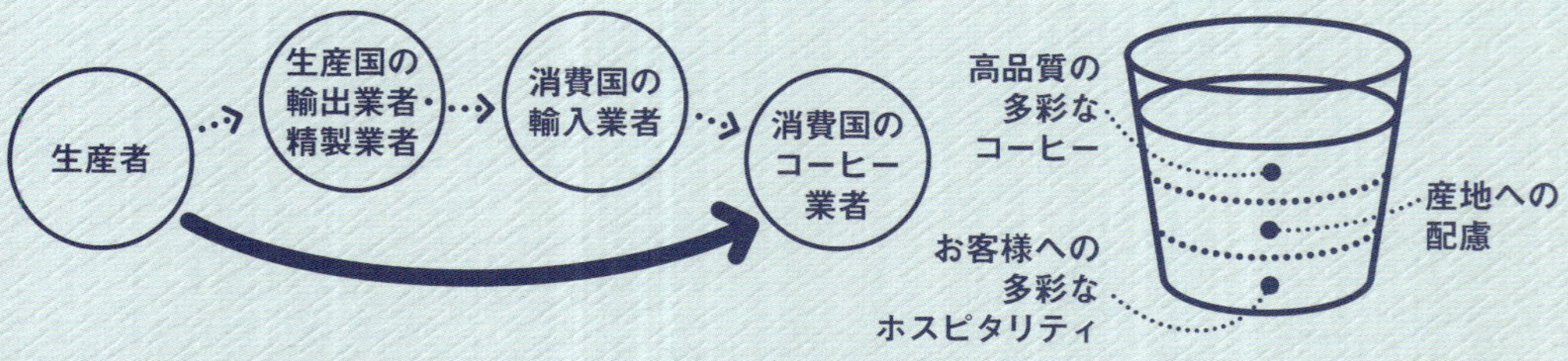

Coffee Study

6

時限目

コーヒーの座学

コーヒー豆ってなんだ?

アラビカ種とかゲイシャとか、多くの人が
コーヒー豆にまつわる単語を聞いたことがあると思います。
豆を知ることは、きっとコーヒーを知る
一番の近道じゃないかと私は思います。
品種、栽培、生産処理、焙煎…
どれもあなたの知的好奇心を刺激してくれるはずです。

コーヒー豆の味わいを決定する品種、生産処理、焙煎とは

飲用に適したコーヒー豆は実はたったの3種

私たちがコーヒー豆と呼ぶ茶褐色の豆は、コーヒーノキというアカネ科コフィア属の植物の果実(その中の種子)を焙煎(ロースト)したものです。

コーヒーノキには100以上の種が存在しますが、そのほとんどがアフリカ大陸の西部から中部、マダガスカル島と周辺諸島にかけて分布している野生種で、これらの種は飲用に適していません。よって現在、商品として流通しているコーヒー豆は、飲用に適しているとして選別、栽培された種から作られたものなのです。

飲用に適しているとされるコーヒーノキは、大きく分けて3つ、アラビカ種、カネフォーラ種、リベリカ種になります。この3種を総称して「3原種」と呼ぶこともありますが、リベリカ種は流通規模が1%に満たないため、ほとんどの場合カウントされません。世界で流通する約55%がアラビカ種、残りの約45%がカネフォーラ種であると言われています。

アラビカ種は人類が初めて飲料に用いたコーヒーと言われています。低地には根付かず、病虫害にも高温多湿にも弱く、土壌の質や日照量、雨量などを細かくコントロールしなければ充分に育ちません。栽培が難しい分、〝三大嗜好品〟と称されるほど優れた風味を備えています。

一方のカネフォーラ種は病虫害に強く、しかも安価。味わいはアラビカ種に遠く及びませんが、大量生産に向いているため、缶コーヒーやブレンドコーヒーのカサ増しなどに用いられています。

現在飲用されているコーヒーはアラビカとカネフォーラの2種ですが、スペシャルティコーヒーは、すべてがアラビカ種です。ちなみに、「ブルーマウンテン」や「キリマンジャロ」という銘柄を皆さんご存知だと思いますが、これは品種ではなく産地で、いずれもアラビカ種です。また、高級コーヒーとして知られていますが、スペシャルティコーヒーでもありません。

新潟産コシヒカリとひと口に言っても、地域や生産農家によって米の品質が異なるように、コーヒーも産地や品種が同じだからといって味が同じなわけでは決してありません。

コーヒー豆を考える時、産地だけでなく、細かい品種そして生産者にまでこだわっていく時代になっているのが現在なのです。

アラビカ種の豆がコーヒーになるまで

アラビカ種のコーヒーノキは種子を蒔いてからおよそ4~5年で成木となり、開花から実を採取するまでは6~8か月、かかります。初めは緑色だった実が成熟すると深みのある赤に色付くいていきます(黄色やオレンジ、ピンク色に熟す品種もあります)。ちなみにコーヒーノキ自体の寿命はおよそ30年です。

よく熟した実のみを集めて収穫

コーヒー豆の種と品種

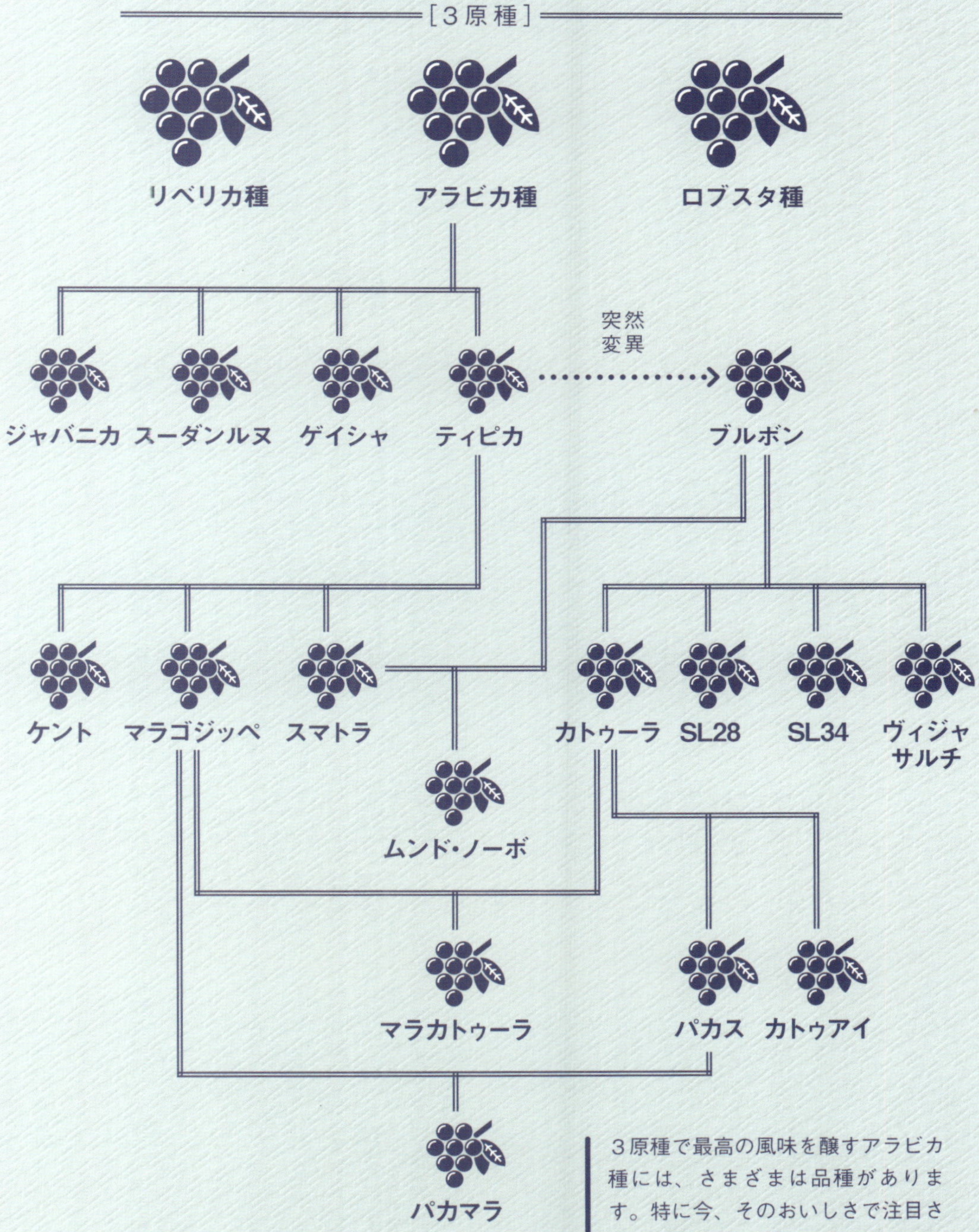

3原種で最高の風味を醸すアラビカ種には、さまざまは品種があります。特に今、そのおいしさで注目されているのが、ゲイシャ、パカマラ、SL28、SL34、スーダンルメです。

することが、コーヒーのおいしさを決定する第一段階となります。収穫された実は傷ものや不良豆が除去・選別され、生産処理工程へ進みます。

生産処理の目的は、コーヒーチェリーから種子、すなわち生豆を取り出すことです。そして、この生産処理工程を適切に行うことこそが、コーヒーのおいしさを決定づける大きな要因なのです。

産地で行われる生産処理の重要性

コーヒー豆の生産処理工程は、「ウォッシュト」「ナチュラル」「パルプトナチュラル」に分けられます。

ウォッシュトは、機械で果皮と果肉を剥き、水で洗い流します。ナチュラルは実を天日干しし、乾燥させてから生豆を取り出す方法で、歴史的に最も古い処理方法です。最後のパルプトナチュラルは前述の2つの方法をミックスしたもので、20世紀に入ってから生まれた精製法です。

精製方法による味わいの特徴をかいつまんで申しましょう。

ウォッシュト…酸がきれいでクリーン。フレーバーは強くはないが、透明感があるためはっきり感じられる。

ナチュラル…クリーミーで、甘みが強い。フレーバーは強いが、独特の熟成感があり、クリーンさに欠ける。

パルプトナチュラル…酸が柔らかく、まろやか。甘み、苦味、酸味の突出はなく、バランスがいい。

マグロにたとえるなら、ウォッシュトが赤身、ナチュラルが大トロ、パルプトナチュラルが中トロでしょうか。どれが良くてどれが悪いか、ということではまったくありません。消費者にとっては好みで選ぶべきもので、生産者は置かれている環境で選ぶべきものでしょう。

実際に環境と生産処理の関係は、サステナビリティの側面で非常に重要な問題です。たとえばウォッシュトは豊富な水資源が必要なので、地域が限定されますし、環境への影響にはいっそうの配慮が求められています。ナチュラルは水をほとんど使用しない分、人件費、そして環境リスクは少ないですが、クオリティコントロールに課題があります。そう考えると、最も注目すべきはパルプトナチュラルかもしれません。ブラジルなど水資源に恵まれない地域において、すでに品質向上を成し遂げた実績があります。その味わいだけでなく、クオリティコントロールやコストパフォーマンスにおいても、バランスがいいのです。

話がそれましたが、それぞれの生産処理工程を経て内果皮の状態になったコーヒーは「パーチメント」と呼ばれる状態となります。パーチメントコーヒーは乾燥工程により含有水分量が保管に適した11〜14%に調整されています。コーヒーはこの状態で輸出の時を待ちます。買い手が決まるとパーチメントは脱穀、袋詰めされて海路や空路によって輸出されるのです。

豆のポテンシャルを開花させる「焙煎」とは

こうして消費国に届いた生豆は、焙煎・抽出を経て、いよいよ皆さんの前にコーヒーとして提供されます。

私たちコーヒー屋の腕の見せどころである焙煎の目的は、いわば「コーヒーに命を与える」ことです。生豆の特性を最も輝かせる瞬間を目指して、絶妙なコントロールで熱エネルギーを与えて風味を花開かせるのです。

焙煎には、メイラード反応（加熱する過程で糖とアミノ酸が反応し茶色くなり、様々な香りを生む反応）が大きく関与していて、この工程に差をつけることで味わいに多彩な変化を生みます。

工程の差とは、「煎り」のことです。猿田彦珈琲の焙煎は、浅煎り・中浅煎り・中煎り・中深煎り、深煎りの5段階に分けています。この煎り方の違いによってコーヒー豆それぞれの味わいを引き出すと同時に、明確な味わいの世界観を与えています。

コーヒー豆の焙煎は「焙煎機」という専門の機械によって行います。生豆が焙煎機内に投入されると熱によって豆の水分が蒸発し、乾燥が進行して白色化、黄色化と、褐色反応が進行します。さらに焙煎を進めると豆の細胞内で発生した炭酸ガスが膨張して細胞を破裂させます。この時、豆がハゼることからこの段階を「1ハゼ」と呼びます。この1ハゼが「浅煎り」と呼ばれる段階で、コクや苦味よりも酸味が強い状態です。

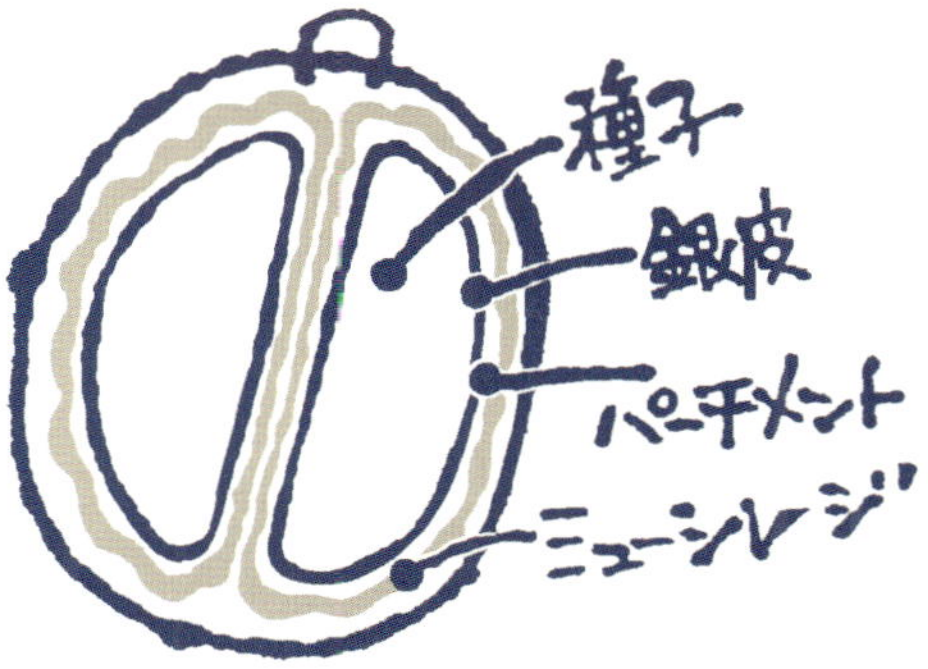

1ハゼが終わる頃に豆は「中煎り」の段階となり、2度目のハゼるタイミング、「2ハゼ」を迎えます。1ハゼの状態よりも多くの物質が生成されて揮発し、豆内部はスポンジ状となり、色付きはどんどん深くなっていき、豆の表面には油が滲み出し、煙の発生も顕著になります。この2ハゼが「中深煎り」です。さらに焙煎を進めると豆は「深煎り」の状態となり、酸味はほとんどなくなり、コクのような深みと甘み、そして香ばしさが際立つようになってきます。

このように、焙煎の進度に応じて味わいも変動します。産地や品種の特性に応じた酸味や香りは浅煎り〜中煎りで、焙煎の深み（コク）、甘み、香りが調和するのは中深煎りで、より一層の深みと苦味は深煎りで顕著になるのです。

おいしいコーヒーは浅い焙煎だけなのか

スペシャルティコーヒーにおける焙煎の特徴は「浅煎り」です。透明感があり、フレーバー、すなわち豆の個性をダイレクトに感じることができるからです。焙煎が深くなるほどカラメル化した要素が現れて単調な味わいになり、スペシャルティコーヒーのフルーツのようにさわやかな風味が見えずらくなってしまいます。

一方で私たちコーヒーの専門家が浅煎りに本格的に取り組むようになってから日が浅く、まだまだ改善の余地はあるはずです。また、スペシャルティコーヒーに深煎りは合わないと考えるのも短絡的だと思います。これまでと違う方法を見出せる可能性もありますし、焙煎機の進化だって起こりえます。

数百年も昔から行われてきた焙煎という作業は、スペシャルティコーヒーという時代の幕開けと共に、新たなスタートをきったばかりです。次ページで、焙煎度合いとコーヒーの味わいの傾向をまとめましたが、あくまで現状の傾向として、です。今後変わっていく可能性が高いですし、そうなるべきだと思います。

コーヒー豆に必要なのは消費国の継続性

このように多くの過程を経て、ようやく一杯のコーヒーになります。が、豆が良くない限り、どんなに素晴らしい生産処理をしても、焙煎を行っても、抽出をしても絶対に豆のクオリティ以上にはなりません。すべての作業は、豆の品質や価値を保ち、貶めないように行われているのです。

そういう意味で、おいしいコーヒーを楽しむうえで最も重要なのは生産地そして生産者と言わざるをえません。彼らの生活レベルを上げ、より質の高い栽培を行ってもらうには、皆さんにコーヒーを継続的に飲んでいただくほかありません。私たちが今まで以上においしいコーヒーを皆さんに提供し、幸せを感じていただくことが、より上質なコーヒー豆を手にする唯一の方法なのです。

焙煎の度合いと豆の特徴

[グラフの項目]

❶透明感
❷バランス（甘み酸味苦味）
❸フルーティな甘さ
❹カラメルの甘さ
❺後味の強さ
❻なめらかさ
❼余韻のきれいさ

[結果]

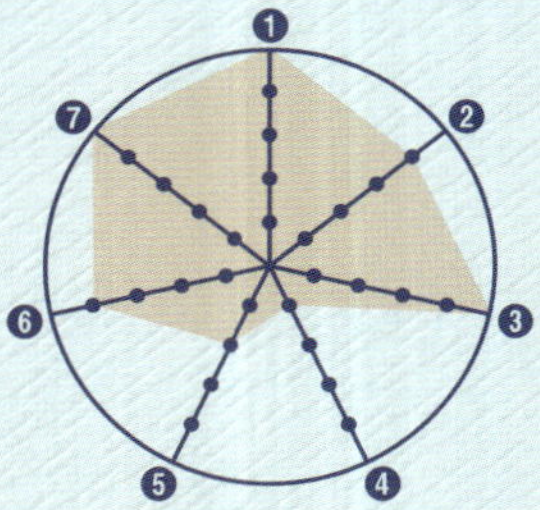

[浅]

透明感の際立つ浅煎りは、最後の後味までとにかくきれいな印象

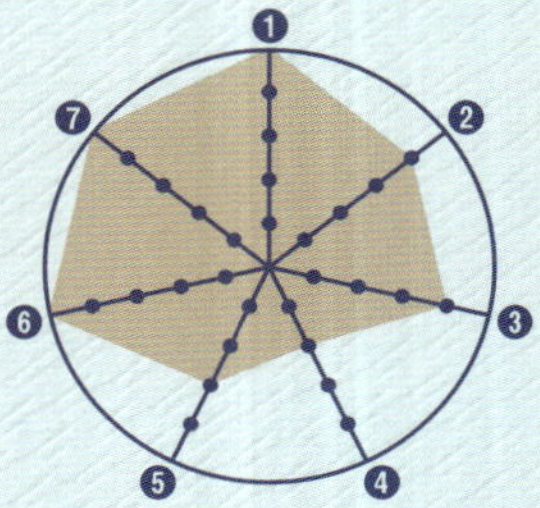

[中浅]

浅煎りにほんのり甘さが加わった中浅煎り。こちらもきれいな印象

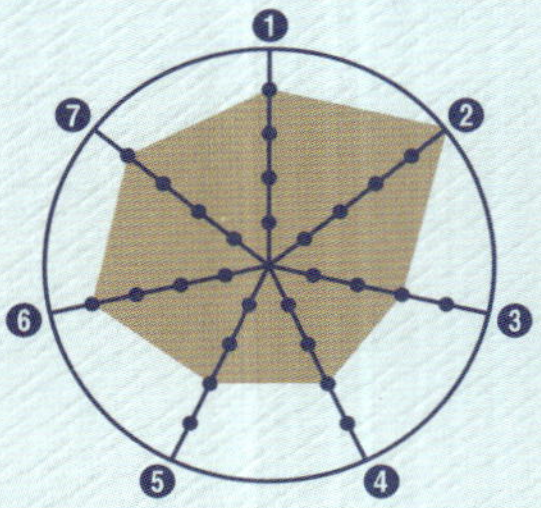

[中]

どの項目も程よく持つ中煎りは、酸・甘・苦のバランスが魅力

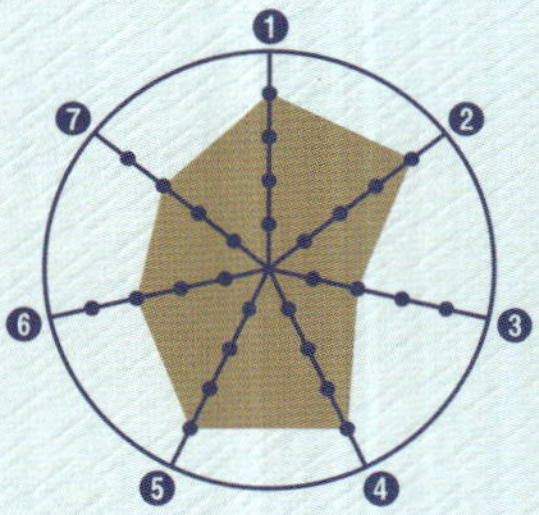

[中深]

力強さと甘さがグッと高まってきた中深煎り。酸もほんのり漂う

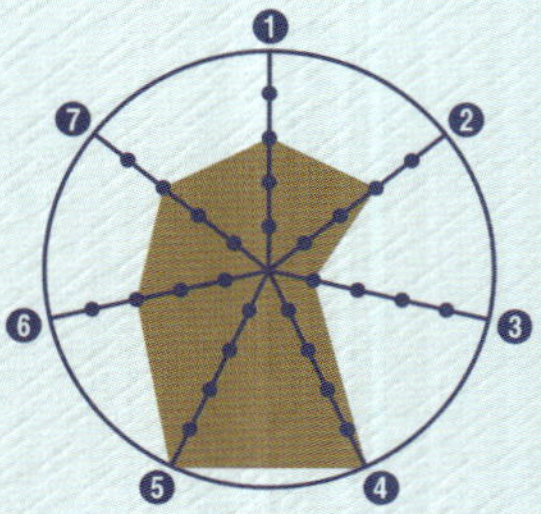

[深]

力強さと甘さが際立つ深煎りは、酸のさわやかな甘さはほぼ消失

[焙煎の度合い]

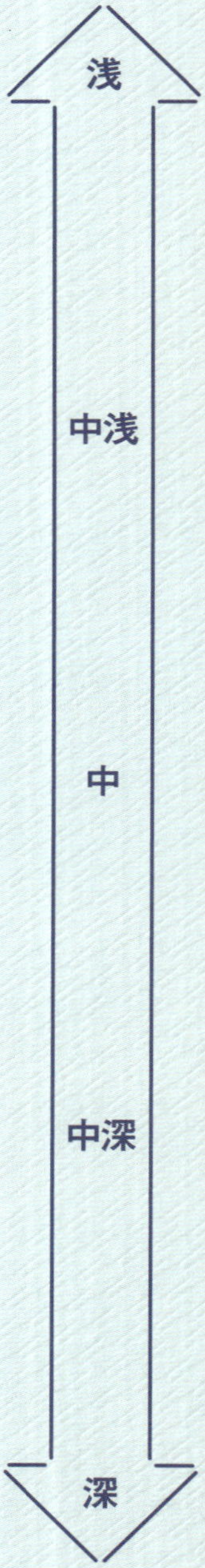

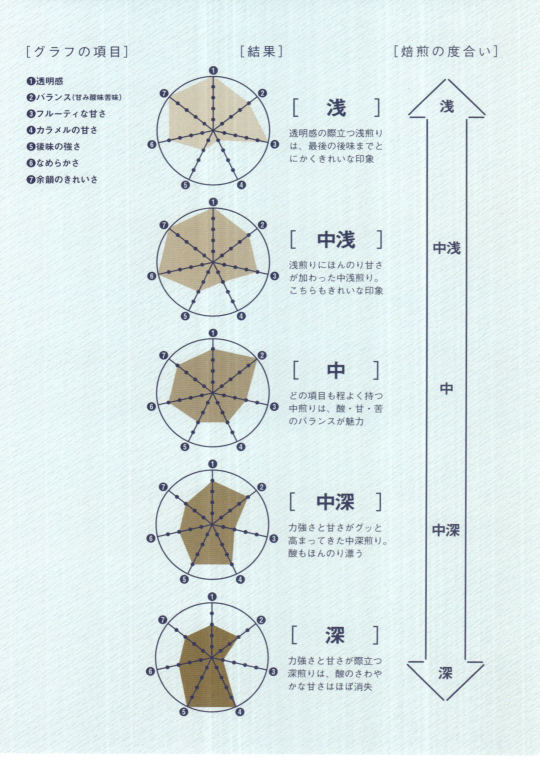

Coffee Study

7

時限目

アレンジドリンクに挑戦してみよう

コーヒーの成分をダイレクトに味わうなら
ブラックで飲むのがいいのは確かですが、
それだけでは「コーヒーを満喫できていない」と
私は思います。いい豆で作るアレンジドリンクがまた
びっくりするほどおいしいんです！
自信のレシピをそろえたので、ぜひ挑戦してくださいね

Recipe 001

はちみつのオレ

親しみやすさと飲み飽きなさはNo.1!

より多くの人にコーヒーを好きになってほしい、と作った猿田彦の定番メニューを、お家向きにアレンジしました。ハチミツやオレンジって、親しみやすい、誰でも想像できる味わいです。だから、飲むとホッと落ち着くし、なにより飽きがきません。疲れている時などは最高です。ちなみに、上質なコーヒー豆には、ハチミツのような甘さ、そして柑橘の酸を持つものが多くあります。ですので、ハチミツもオレンジも、コーヒーとの相性が抜群なんです。

[作り方]

❶鍋にハチミツと牛乳を入れて火にかけ、ホイッパーで混ぜながら溶かし、温める。この時、沸騰させないように気をつける。
❷中深煎り豆19gでドリップし、100g抽出する。
❸②に①を加え、混ぜる。
❹くし切りにしたオレンジをサッと絞りかけ、風味を付ける。

[材料]

コーヒー 100g
中深煎り豆 19g
※アトリエ仙川ブレンド使用
オレンジ
1/10切(くし切り)
はちみつ
25g
牛乳
100g

カフェモカ

チョコレートとコーヒーは間違いない組み合わせ

アレンジコーヒーは、「コーヒー豆の持つフレーバーと相性のいいものを合わせる」ことが重要です。多くの焙煎豆はチョコレートのようなフレーバーを持ちます。だからチョコレートソースとよく合うんです。まずは、市販のチョコレートソースで作ってみるといいと思います。なれたらチョコレートソースを手作りしてはいかがでしょうか。身近なチョコレートでも構いませんし、凝ってシングルオリジンのものを使っても素晴らしい味わいになるでしょう。

[作り方]

❶鍋にチョコレートソース、牛乳、きび砂糖シロップを入れて火にかけ、ホイッパーで混ぜながら溶かす。この時、沸騰させないように気をつける。

❷中～深煎り豆23gでドリップし、100g抽出する。

❸②に①を加え、混ぜる。

❹ホイップした生クリームを③に乗せ、ココアパウダーを振りかける。

＊市販のチョコレートソースは甘味に差があるので、きび砂糖シロップはお好みで加減してください

[材料]

コーヒー 100g
中～深煎り豆 23g
※ここでは猿田彦フレンチ使用
ホイップした生クリームとココアパウダー
適量
チョコレートソース
40g
牛乳
100g
きび砂糖シロップ
10g

[きび砂糖シロップの作り方]

❶鍋にきび砂糖60gと浄水40g、塩1g入れて火にかけ煮溶かす。

キャラメル・オ・レ

自分を奮い立たせる時に飲みたい、励ましの一杯

コーヒー豆は深く焙煎していくほど、カラメル化していきます。なので、中〜深煎りの豆とキャラメルはその甘みとほろ苦さで、とても相性がいいのです。そこにアーモンドミルクを加えて、さらに香ばしさも際立てています。この甘さとほろ苦さですが、僕には「よく頑張った」「さて頑張ろう」と励ましてくれる、そんな味わいなのです。ぜひ皆さんも、目覚めの一杯、疲れた時の一杯、帰宅後の一杯として楽しんでみてくださいね。

［作り方］

❶鍋にキャラメルソースとアーモンドミルク、きび砂糖シロップを入れてよく混ぜ、キャラメルソースが溶けたら牛乳を加えておく。
❷中〜深煎り豆23gでドリップし、100g抽出する。
❸①を火にかけ、ホイッパーで泡立てるようにして混ぜる。この時、沸騰させないように気をつける。
❹③にフォームができてきたら、②を少しずつ加えながらさらに泡立てていく。
❺④をカップに静かに注ぎ、最後に泡を乗せる。
❻キャラメルソースを格子状に振りかける。

＊ミルクフォーマーを使うと、より細かく泡立ちます
＊市販のキャラメルソースは甘味に差があるので、きび砂糖シロップと牛乳に好みで加減してください

［材料］

コーヒー 100g
中〜深煎り豆 23g
※ここでは猿田彦フレンチ使用
きび砂糖シロップ
15g
アーモンドミルク（加糖）
30g
牛乳
80g
キャラメルソース
20g

Recipe 004

ジンジャーミルクコーヒー

実は相性がいい！
ショウガとコーヒー

コーヒーの世界がさらに成長し、素晴らしいものになるうえで必要なのは、生産者も愛好者も継続し続けることです。だから皆さんの生活の中に親しみやすいものとして、コーヒーがあることがとても重要なことだと思います。これはコーヒーに飽きた時に楽しんでほしいメニューです。不思議な組み合わせにも思えますが、ショウガとコーヒーは実はとてもよく合います。コーヒー豆はスパイス感のあるものを選ぶと、シナジーしてよりおいしくなります。

［作り方］

❶鍋にしょうがパウダー、きび砂糖シロップ、牛乳を入れて火にかけ、よく混ぜる。この時、沸騰させないように気をつける。
❷中浅〜中深煎り豆17gでドリップし、100g抽出する。
❸②に①を加えてよく混ぜ、しょうがパウダーを少々振りかける。

［材料］

コーヒー 100g
中浅〜中深煎り豆 17g
※ここでは猿田彦マイルド使用
しょうが
パウダー（市販品）
10g
牛乳
100g
きび砂糖シロップ
15g

こどもコーヒー牛乳

お子さんや妊婦に優しい昔なつかしの味わい

スペシャルティコーヒー屋としては暴論かもしれませんが、ブラックコーヒーは「ゴール」でいいと考えています。でも多くの人にそこに行き着いてもらいたいので、より良い「入り口」を用意したい、と考えたのがこちらです。カフェインを極力カットしたディカフェの豆を使用することで、子供は大人気分を、妊婦の方にも優しく、またなつかしく飲んでいただける味わいになっています。コンデンスミルクを加えることで、とろみと甘みを出すのがポイントです。

[作り方]

❶ディカフェコーヒー15gでドリップし、80g抽出する。
❷①にコンデンスミルクを入れ、溶けるまでかき混ぜる。
❸氷を少し入れてかき混ぜる。熱が取れ、氷が残っているようなら　スプーンなどでいったん取り出す。
❹冷たい牛乳を入れ、新しい氷を浮かべる。

＊甘さが足りない時はお好みできび砂糖シロップを加えてください

[材料]

コーヒー 80g
ディカフェ
15g
コンデンスミルク
25g
牛乳
100g

コーヒーラッシー

コーヒーの酸を甘みで覆ってあげるのが重要です

コーヒーが苦手な人に、いかに興味を持ってもらうか、私にとっては大きな課題です。スペシャルティコーヒーは、特徴的な酸がハードルになることが多いので、それを甘みの膜で包んであげることを心がけました。コンデンスミルク、ジャム、メープル、ココナッツの重層的な甘みが、コーヒーの酸を優しく包んで飲みやすくしています。さわやかな酸ととろっとした甘みが前に出ていますが、やや深い煎りの豆を使うことで、コーヒーらしさも感じられます。

[作り方]

❶中深煎り豆19gでドリップし50g抽出する。
❷①を器ごと氷水で冷やし、コーヒーを回しながら急冷しアイスコーヒーにする。
❸ボウルにブルーベリージャムとメープルシロップ、コンデンスミルクを入れて混ぜ、ジャムを潰しながらのばす。
❹③にココナッツミルクと生乳ヨーグルト、牛乳を加え混ぜる。
❺グラスに②と④を入れて混ぜ氷を浮かべる。

[材料]

コーヒー 50g
中深煎り豆 19g
※ここではアトリエ仙川使用
メープルシロップ
18g
ブルーベリージャム
3g
コンデンスミルク
3g
ココナッツミルク
5g
生乳ヨーグルト（無糖）
20g
牛乳
135g

コーヒーフラッペ

まるでトロピカルフルーツ。夏におすすめの一杯

「大好きなはずなのに、世の中になかなかない味」を求めて、私自身のために作ったものです。想像してほしいんですが、オレンジとコンデンスミルク、そしてコーヒーを混ぜるとどんな味になるでしょうか。うまく合わさると、濃厚な甘さだけどさわやかで後味の余韻がいい、トロピカルフルーツのような味わいになるんですね。コーヒーフラッペは世の中にたくさんありますが、そのほとんどよりおいしくできたんじゃないかと、自画自賛のできばえです。

［作り方］

❶浅～深煎り豆20gでドリップし、50g抽出する。
❷①を器ごと氷水で冷やし、コーヒーを回しながら急冷しアイスコーヒーにする。
❸ミキサーに、コンデンスミルクと牛乳、冷やしておいたオレンジ1枚、抽出したコーヒー40g、氷を入れて回す。フラッペが固いようなら残りのコーヒーで調整する。

［材料］

コーヒー 50g
浅～深煎り豆 20g
※ここでは猿田彦フレンチ使用
クラッシュ氷
160g
オレンジはちみつ
スライス1枚
約7g
牛乳
5g
コンデンスミルク
40g

［オレンジはちみつの作り方］

❶オレンジは1～1.5mmほどに輪切りにし耐熱容器に入れる。
❷その分量の半量のはちみつを加えてラップをし500wで50秒ほどレンジにかける。
❸粗熱が取れたら冷蔵庫で冷やしておく。

※アイスコーヒーを作る際に、氷をコーヒーに入れると薄くなってしまうし、ゆっくり冷ますと酸化してえぐみが出てしまうので、手早く冷まします
※オレンジはちみつは、レンジから出す時に熱くなっているので気をつけてください

コーヒーモヒート

おしゃれで女性受けもいい ほめられコーヒー

素晴らしいコーヒー豆には非常に複雑なフレーバーがありますが、モヒートの主材料であるミントやライムも、いくつかのコーヒー豆に存在するフレーバーなんです。だからスパイシーでさわやかな酸を持つコーヒー豆で作るこのノンアルコールコーヒーカクテルが、おいしくないはずがありません。コーヒーの持つ酸を前面に出した、おもしろいメニューですが、おしゃれさや贅沢感もあって、女性やゲストにふるまっても、とても喜ばれると思います。

[作り方]

❶シングル豆15gでドリップし、50g抽出する。
❷①を器ごと氷水で冷やし、コーヒーを回しながら急冷しアイスコーヒーにする。
❸グラスにスペアミントとしょうがパウダー、炭酸水10gほどを入れ、すりこぎなどで軽く潰しながら香りを出す。
❹ライム1切れを③に絞り、きび砂糖シロップを入れる。
❺アイスコーヒーと炭酸水をグラスに注ぎ、ミントとライム、氷を浮かべる。

[材料]

コーヒー 50g
浅～中煎りシングルオリジン豆15g
※ここではコスタリカ・アルトス・デル・アベホナル使用
スペアミントの葉
10枚
しょうがパウダー（市販品）
3g
きび砂糖シロップ
10g
ライム
8等分2切れ
炭酸水
190g

Recipe 009

アメリカンコーヒーソーダ

コーヒーのフレーバーを存分に楽しめる

コーヒーが苦手な人がぶつかる壁が、苦味。そして苦味による重たさだと思います。「コーヒー気分」を味わってもらうために、そうした壁を抑えたのがこちらです。とはいえ、香りやフレーバーをくっきりと感じることができます。クオリティがダイレクトに出ますので、浅い焙煎のシングルオリジン豆、さわやかな風味のものを選んでください。素晴らしいフレーバーを持つコーヒー豆ならではの奥深さを、コーヒーが苦手な人でも存分に楽しめるはずです。

[作り方]

❶シングル豆15gでドリップし、50g抽出する。
❷①を器ごと氷水で冷やし、コーヒーを回しながら急冷しアイスコーヒーにする。
❸グラスにコーヒー10gと炭酸水190gを注ぎ、氷を浮かべる。

[材料]

炭酸水
190g
コーヒー 50g (使用は10g)
浅〜中煎り
シングルオリジン豆15g
※ここではコスタリカ・アルトス・デル・アベホナル使用

オリエンタル
コーヒーランド

夜中に向き合いたい 大人の一杯

コーヒーは料理とは違って、脇役、よくて準主役くらいの立ち位置の場合がほとんどです。それで充分に美しいと思っていますが、あえて主役級、大人が夜に向き合って楽しむような一杯をと作ったメニューがこちらです。コーヒーはラム酒との相性がよく、性質は異なりますが、ほろ苦さと甘みという共通項があります。ここではラム酒のトロッとした甘み、コーヒーの苦味をそれぞれ際立たせながら、複雑なスパイスで変化を付けています。

[作り方]

❶浅～深煎り豆20gでドリップし、80g抽出する。
❷カップにラム酒とスパイスシロップを入れラップをし、500wで20秒ほどレンジで温める。
❸②に①のコーヒーを注ぎチョコレートホイップクリームをスプーンで表面に浮かべる。
❹花椒パウダーを振りかけトッピングする。

＊トッピングはオレンジはちみつのオレンジを刻んでもおいしくできあがります

[材料]

花椒パウダー
適量
チョコレート
ホイップクリーム
20g
コーヒー 80g
浅～深煎り豆 20g
※ここでは猿田彦マイルド使用
スパイスシロップ
15g
ラム酒
10g

[チョコレートホイップクリームの作り方]

チョコレートソース…50g
生クリーム…75g
アーモンドミルク（加糖）…10g
きび砂糖…5g
オレンジはちみつのシロップ…5g

❶チョコレートソースにアーモンドミルクを入れておく。
❷ボウルに生クリーム、きび砂糖、オレンジはちみつのシロップを入れ、氷水で冷やしながら5、6分立てほどにホイップする。（ゆるめに回まってくる感じ。電動ホイッパーだと楽です）
❸②に①を加え、混ぜるように再度ホイップし、7分立てぐらいになるまで泡立てる。（ツノが立たずスジが残るくらいの状態）

[スパイスシロップの作り方]

黒糖…20g
きび砂糖…20g
浄水…40g
五香粉…0.1g（2本指で2つまみほど）
花椒（ホール）…0.2g（約8粒ほど）
バニラビーンズ…0.2g（約0.8mmほど）

❶バニラビーンズに少し切れ目を入れる。
❷鍋にすべての材料を入れ中火にかける。
❸バニラビーンズを潰しながらよくかき混ぜ、砂糖類が溶けるまで煮る。
❹溶けたら火を止め、フタをして5分ほど蒸らす。
❺茶こしなどでこす。

コーヒーのフレーバーと相性のいい食材選びがコツ！

［アレンジドリンクに合わせやすいコーヒーのフレーバー］

❶スパイス
ショウガ
シナモン

❷ナッツ
アーモンド
カシューナッツ

❸シュガー＆ハニー
キャラメル
ハチミツ

❹チョコレート
ダークチョコ
ミルクチョコ

❺フルーツ
オレンジ
ピーチ
マスカット
ストロベリー
ブルーベリー
アップルetc.

いいコーヒー豆だから　さまざまな食材と合う

スペシャルティコーヒーだからこそアレンジドリンクは、簡単においしくできるのだと私は考えています。上質な豆は、多彩なフレーバーを持つものです。たとえば私たちが販売しているコーヒー豆の袋には、その豆が持つフレーバーをプリントしています。そのフレーバーと相性のいい食材を選んでシンプルに組み合わせれば、まず失敗はありません。

上に挙げたのは、スペシャルティコーヒーのフレーバーで、特にアレンジドリンクに合わせやすいものの一例です。簡単に入手できる食材と同じフレーバーがこんなにもあるんです。

おいしいアレンジドリンクを作るコツ、それは「いい豆を使うこと」、そして「コーヒー豆の持つフレーバーと、シナジーする食材を探すこと」です。オレンジのフレーバーを持つコーヒー豆に、オレンジを合わせたら間違いありませんし、オレンジと合う食材、たとえばハチミツやミルクチョコレートなどもおいしくなるでしょう。

この時注意したいのが、「複雑にしないこと」。絵の具だって全部の色を混ぜたら、ただ暗い色になってしまいます。シンプルに組み合わせることを、まずは心がけてください。

季節感を出すことだってできます。ハロウィンの時期に、私は店で「かぼちゃと黒糖きなこのラテ」というメニューをお出ししました。ベースはカボチャシロップとミルク、そしてエスプレッソ。カボチャの風味はもちろん、マロンのような風味さえ感じる一杯でした。こんな楽しみ方もアレンジドリンクの醍醐味だと思います。

一方で「フレーバーと食材がシナジーしなかったら失敗」そんな考え方は堅苦しいと思います。「コーヒーとこの食材を合わせたら、どんな味になるんだろう」、そう想像することで、すでに充分楽しめていますし、失敗したって「やっちゃったよー」と笑えれば、それも楽しいと思うからです。もちろん、うまくシナジーすれば、皆さんにとってもコーヒー豆にとっても、一番幸せなことではありますが。

Coffee Study

8

時限目

コーヒーの頂点・エスプレッソを飲んでみよう

「苦い」「濃い」と皆さんに敬遠されがちなエスプレッソが
カフェラテのベースになっているってご存知ですか？
難解なエスプレッソは、究極に奥が深いコーヒーなんです。
凝縮された甘みとクリーミーな触感はまさに官能的！
ここではエスプレッソとカフェラテの魅力について
猿田彦きってのバリスタふたりに語ってもらいます

エスプレッソは
お客様にとっても、
バリスタにとっても
一番〝難しい〟コーヒー。
だからおもしろい

エスプレッソはバリスタにとって、技術面と精神面、その両方が求められる最難関のドリンク。コーヒーに対する深い理解力が問われる

猿田彦珈琲の数店で導入している、ビクトリア・アーデュイノ社「ブラックイーグル」。最新鋭の機能を搭載した、最上位のモデル

9気圧の力がかかって抽出されるエスプレッソ。見た目にわかるように、口内まとわりつくなめらかさと、凝縮された甘みが魅力だ

エスプレッソマシーンに触れたくて バリスタになった

バリスタの多くが「エスプレッソマシーンに触れて、使いこなせるようになりたくて」この道に入ってきます。おいしいエスプレッソを淹れるには、クルマが買えるほど高価なマシーンが必要です。さらにコーヒーを理解する能力と技術が求められます。エスプレッソとは、バリスタの総合力の粋なのです。

❶	スチームワンド。ラテに使うスチームドミルクは、ここから約120℃の蒸気を出すことで作る。上部のレバーで蒸気口を開けて、ミルクをなめらかに仕上げる
❷	グループヘッド。ここに専用フィルターをセットし、エスプレッソを抽出する。豆にもよるが猿田彦の場合、粉20gで40gほどのエスプレッソを約20秒で抽出する
❸	圧力計。エスプレッソの場合、家庭用のマシーンではほぼ不可能な、9気圧という高圧力が最も抽出成分が出る。地域によっては±0.1気圧ほどの調整を行う

コーヒーへの憧れが詰まった 究極のドリンクが、エスプレッソ

エスプレッソの魅力を伝えることがバリスタの使命

最高においしいエスプレッソをご自宅で楽しむのはほぼ不可能です。コストはとんでもないですし、メンテナンスも大変です。技術的にも抽出以前に多くを求められるため、一朝一夕に身につくものではありません。

お客様にとってエスプレッソは「難しい」と、日々実感しています。なぜなら多くの方が苦手にしているから。「苦くて濃い」そんなイメージが強くあるのだと思うと同時に、その印象を覆す一杯を提案していかねばならないと、身の引き締まる毎日です。

豆の挽き目と量を決めるメッシュ合わせ。センスが問われる作業だ

そんなエスプレッソは、バリスタにとっても最も難しいものです。まず豆を深く理解しなければなりません。どんな豆ならおいしいエスプレッソが入るか、そのおいしさを引き出すにはどんな焙煎であるべきか。豆が決まったら、挽き目、そして量を決定します。挽いた豆の細かさと量で、味わいの大部分が決まるので、とても重要な作業です。と同時に、抽出時の湯温、抽出時間、抽出量を決定します。それも決まったら抽出作業ですが、挽いた豆を専用のフィルターに入れ、押し固めるタンピングという作業があります。均等に圧を加えコーヒーパウダーを平らにならすのですが、圧の強さは感覚的なものです。固め過ぎても、おいしいエスプレッソは入りません。ここまでくれば、あとは機械にまかせることになります。

タンピングはバリスタの技術差が出る、重要な作業だ

完成度の高いエスプレッソは、とてつもなくなめらかで、凝縮した甘さにあふれています。苦いという印象は過去のもので、現在のエスプレッソは焙煎が浅くなり、苦味とコクの飲み物から、甘みとフレーバーに変わってきています。

本物のエスプレッソには、飲む人を虜にする魔力があります。そんな一杯に出会えるよう、先入観を捨ててお試しいただければと思います。

教えるひと

前寺祐太さん

店舗統括責任者。おいしいエスプレッソを日々追求する

エスプレッソが
ミルクと出合った
カフェラテは、
コーヒーの中で最も華のある
みんなが笑顔になるコーヒー

ヘッドバリスタの高山久美さんがラテアートの日本チャンピオンに輝いた時の作品。見て飲んで楽しめるのがカフェラテの魅力だ

カフェラテを見て楽しむ

1	途切れのない クレマリング	カップの縁に沿って、途切れなく円を描いてエスプレッソのクレマがあるのが必須。最初に口に入るのは、スチームドミルクでなくエスプレッソのフレーバーであるべきなのです。
2	クレマとミルクの コントラスト	クレマとミルクのコントラスト、濃淡がくっきりしているかどうかも、ラテアートを観賞するうえで重要なポイントです。味わいよりも、これは見た目の美しさの問題です。
3	図柄の シンメトリーさ	柄にもよりますが、左右対称が前提のものはシンメトリーに描かれていることが要求されます。ミルクの流れを計算できていなければ不可能なので、簡単なことではありません。

お店で出てくるラテアートは、シンプルです。早く飲まないとエスプレッソとミルクが分離して、味が落ちてしまうから。シンプルな柄をきれいに描くバリスタは、「お客様を喜ばせたい」という思いがある人です。せっかくなら、そんな一杯を楽しみたいですよね。

ラテアートを〝して〟楽しむ

初めてのラテアートは、ハートがオススメ。柄も作業もシンプルですが、きれいに描けるようになるには、練習が必要です。まずは「ラテアートをやってみる」ことを楽しんでください。ちなみに猿田彦ではエスプレッソ30cc、ミルク120～150ccで行います。

❶

エスプレッソを入れたカップを手前に傾けて、ミルクを下にもぐりこませるよう注ぎます

❷

ピッチャーが液体に近付き過ぎないように、注ぎ続けます。カップの8分目で止めます

❸

傾きを戻して、ピッチャーの口を近付けて、真ん中少し手前あたりに円を描きます

❹

手前から、ピッチャーの口をカップから遠ざけながら、円の中心をミルクで切れば、完成！

コーヒードリンクで、一番幸せになれる カフェラテの楽しみ方

飲んでおいしくて 見てもかわいい！

カフェラテは、エスプレッソに水蒸気で泡立てたミルクを注いだ飲み物です。ミルクの甘みがコーヒーの苦さや酸っぱさをやわらげるので、多くの方、特に女性は大好きですよね。猿田彦珈琲でも、コーヒーをあまり知らない人やコーヒーが苦手な人に、最初に飲んでいただきたいのは、カフェラテです。でもそれは、苦くないから、ではないんです。

ラテアートの道具たち。基本はミルクを注ぐピッチャー。スプーン、ピックは繊細な柄用

猿田彦珈琲ではスペシャルティコーヒーという、本当に上質な豆を使います。これで淹れたエスプレッソはトロンとなめらかで甘く、フルーツやチョコ、ハチミツといったフレーバーがあふれています。そこに甘いミルクが結び付くと…。その味わいは豆によって異なりますから「今日のラテはハチミツの味がする」とか「チョコレートの味がする」なんて、楽しみ方をしてくださったらうれしいです。

おいしいカフェラテを作るために、豆の個性を見て、そしてエスプレッソの濃度とミルクの量を決めます。エスプレッソと比べて、コーヒーの濃度を少し高めにすることが多いです。その方がミルクと合わさった時に、フレーバーが開きます。

実は難しいのがミルクのスチーミング。水蒸気でミルクを温め泡立てるので、時間を掛けるほど水分がミルクの中に入って薄くなってしまいます。上手にスチーミングできると、空気を含んでとろ味が生まれ、びっくりするほど甘くなるんです。

そんなおいしいカフェラテを頼んだら、ほっこりする柄が描かれて出てくる。皆さん、喜んでくださいます。ラテアートは、視覚的に楽しんでもらえる、唯一のコーヒードリンクなんです。飲んでもおいしいし、見てもかわいい、幸せなカップです。

ラテアートは基本はミルクを注ぐピッチャーしか使いません。ミルクの量、カップの傾け方、ピッチャーの振り、対流、押し込み、それで柄を描きます。ハートとリーフが描けるようになれば、あとはその応用です。

家庭用のエスプレッソマシンでも、ラテアートの楽しさは味わえます。ぜひ挑戦してみてくださいね。

教えるひと

高山久美さん

猿田彦珈琲のヘッドバリスタは、ラテアートの日本王者！

Coffee Study

9

時限目

コーヒーの座学

エスプレッソってなんだ？

コーヒー業界にいる人間にとって憧れの飲み物である
エスプレッソは、お客様にとっては〝濃くて苦い〞
ちょっとハードルの高いコーヒー…。
この不幸なすれ違いを、私はここで解消したいと思います。
エスプレッソはどんな飲み物で、どんな魅力があるのか
知ればきっと、今すぐ飲みたくなるはずです！

コーヒー業界の想いと努力の結晶がエスプレッソ

頭痛がするほど難解なエスプレッソとは

人の生涯など長きにわたる時間を数時間に凝縮するのが「映画」だとするならば、エスプレッソはまさに映画のような飲み物です。

生産地でいかにコーヒーノキが育てられ、どのように生産処理が行われ、どんな管理のもと輸送・保管され、そしてどのような考えで焙煎されたか。これらコーヒー豆にとっての〝一生〟の本質をつかみ凝縮し、最も印象的な形で表現する、映画の重要人物にあたる役割を果たすのがバリスタということになります。

もしバリスタがコーヒー豆の履歴やポテンシャルを理解せず、ロースターと最適な焙煎を見出すことができなかったなら、最高の一杯を淹れることはできないでしょう。抽出というバリスタの本業にたどり着く前に、勝負に負けてしまっているのです。

バリスタが最高においしいエスプレッソを淹れる条件として、常日頃からのコーヒー豆との向き合い方が問われます。抽出技術だけでは足りません。バリスタにとって人間性やその本質までが表れてしまうのが、エスプレッソという飲み物だからです。おもしろいことに、世界の超一流バリスタたちでさえ言っていました。「エスプレッソと付き合っていくのは頭痛がしてくる」と。

バリスタに求められる裏と表の努力

バリスタたちにとって大きな壁として立ちはだかるエスプレッソですが、では彼らがどのようにそれと向き合っているか、これから説明していきたいと思います。

バリスタがエスプレッソと向き合う時、その作業は大きくは店舗の裏と表に分かれます。

まず、店の裏で行うのが、コーヒー豆の情報を収集することです。その豆はどんな環境下でどのように栽培され、どのような生産処理が行われて日本に届いたのか。バリスタ本人やその周辺の仲間が現地に赴いて視察することもあります。そして豆の持つ性質、ポテンシャルを探る作業に移ります。詳しくは10時限目で申しますが、「カッピング」というプロファイリングのような豆の評価作業を行い、甘みや酸の性質、マウスフィール、フレーバーなどを明らかにしていきます。そのデータに基づいて、「この豆を使って、こんなエスプレッソを淹れたい」とバリスタはイメージを具体的に持つようになるのです。

その後、ロースターと焙煎について議論を重ねます。専門技術を持つロースターに、正確にイメージを伝えられなくては、バリスタの理想とする焙煎が行われることは困難です。ここでは高度なコミュニケーション能力に加え、常日頃からのロースターとの信頼関係も問われることになります。年齢に関係なく、敬意を持たれるだけの勤務姿勢や努力を見せて

エスプレッソとは…

『映画のような飲みもの』

バリスタは技術は当然、知識や探究心、人間性まで問われる

バリスタ

［店の表の作業］

- メッシュ調整（挽き目と粉量）
- ドーシング
- タンピング
- 抽出（温度／時間／量）

［店の裏での作業］

- 豆の品質チェック
- 豆選び
- 焙煎の理解
- 豆のエイジング

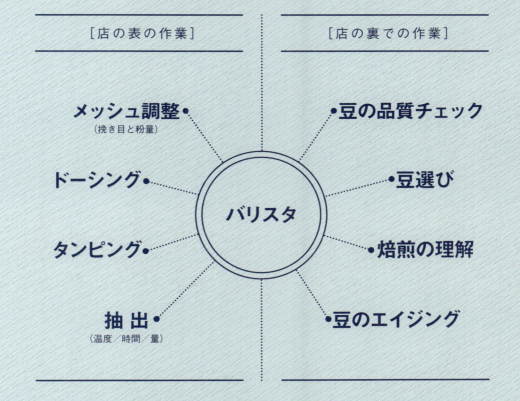

いないようでは、ロースターも人ですから、「コイツのために」と、バリスタの求める焙煎と向き合うことはほぼありえないからです。

ここまでが店の裏での作業で、ようやくエスプレッソマシーンの前、表の作業に移ります。

焼きあがったエスプレッソ用の豆を前にして、バリスタが決めなくては以下の事柄です。

●粉の挽き目と量

メッシュ調整と呼ばれる作業ですが、細かく挽けば挽くほど成分が出ます。粉の量は多くなるほど濃く出ます。これらは相互作用があるので一概に言えませんが、エスプレッソならではの凝縮感を保ちながら甘みやフレーバーが明るく出る、その絶妙なポイントを見つけなければなりません。味わいを決める最も重要な作業と言えます。

●抽出の湯温・時間・量

湯の温度が高いと、甘さ・酸・苦味といった成分が多く出ます。抽出時間も同様です。時間をかけるほど成分を抽出できますが、当然苦味も過剰になります。抽出量、こちらも少ないと味わいのイメージが暗くなり、多過ぎると薄っぺらくなります。結局のところ大切なのはバランスで、提供したいカップの味わいに最適なポイントを無限の選択肢から見つけ出すしかありません。

これらが決まると、ようやく抽出作業に移ります。多くの要素が繊細なバランスを保ち成り立つエスプレッソですから、バスケットにコーヒーパウダーを入れる「ドーシング」、それを絶妙に圧をかけて平らに押し固める「タンピング」も技術力と、特にセンスが問われる作業です。正解があるわけではないですが、確実に味わいに個人差が出る、実に難しい工程です。

あとはポルタフィルターをエスプレッソマシーンにセットすれば、9気圧という強力なパワーがかかって、エスプレッソが抽出されてきます。

エスプレッソが抱えるジレンマとは

これほど高度で努力も才能も求められるエスプレッソですから、素晴らしい一杯に出会った時は、泣きそうになるほど感動します。エスプレッソはコーヒーの芸術だと、心から思います。世界の最新の技術、最新の情報をどうにか入手し、技術研鑽を積み重ねなければならないエスプレッソは、当然ご自宅で最高の一杯を淹れられるものではありません。その点で大きくドリップコーヒーとは異なるのですが、ここに大きなジレンマを感じずにいられません。なぜか。それは選ばれたバリスタだけが到達できる、エスプレッソなのに、好んで飲まれるお客様がかなり限定されているからです。私は当然、より多くの方にエスプレッソの真価を知っていただきたいですし、飲んでいただきたい、そう願っています。

ここからは、どなたも気軽に淹れられて、多くの方々に受け入れられているドリップコーヒーと比較することで、エスプレッソとは、どのようなコーヒーなのか、語っていきたいと思います。

エスプレッソは本当は甘い飲み物

まず、申したいのは、エスプレッソは〝苦い飲み物〟ではないということです。かつて、といっても10年くらい前までは、たしかにコクと力強さが重視されており、煎りの深い豆が使用されたエスプレッソが支配的でした。しかし現在は大きく価値観が変化しています。スペシャルティコーヒーの持ち味を引き出す浅い焙煎豆を使い、強さではなくなめらかさ、マウスフィールを重視したエスプレッソになっています。エスプレッソは今、「甘く、マウスフィールが官能的な」飲み物になっているのです。

一方のドリップコーヒーは、透明性

ドリップコーヒーとエスプレッソの違い

	エスプレッソ	ドリップコーヒー
特徴	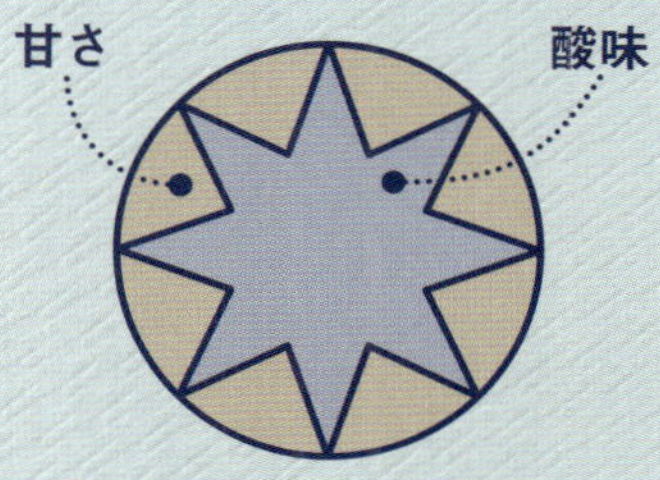 フレーバーなど成分のすべては甘さの中に内包されている	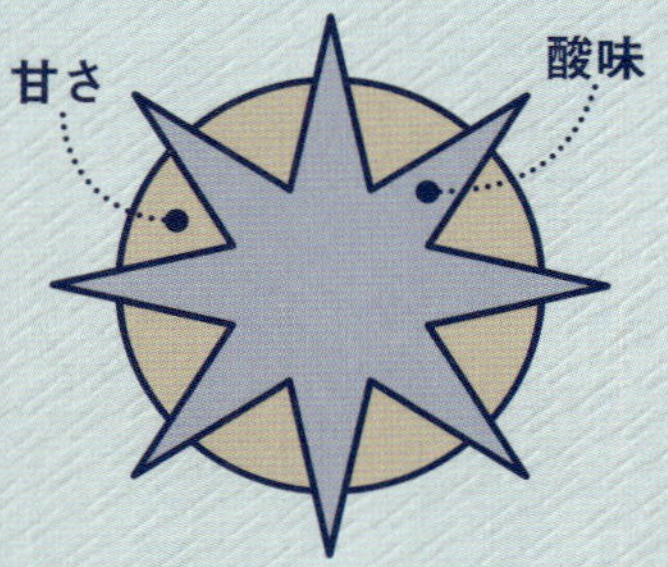 酸が突き抜けることで、フレーバーなど繊細な要素が際立つ
フレーバー	○	◎
マウスフィール	◎	○
クリーンさ	○	◎
甘さ	◎	○
アフターテイスト	◎	○

を重視した飲み物です。そのクリーンさによってくっきりと見える「フレーバーの輪郭を楽しむ」のがドリップコーヒーと言うことができます。

　フレーバーという点では、現在のエスプレッソも実はしっかり主張しているのですが、それがドリップほど見えてこないのは、濃度の問題です。濃く成分が多いエスプレッソは、ガラスで言えば、分厚いガラスのようなもので、端麗なドリップとは視界が異なっているのです。ですから、エスプレッソにもフレーバーは多彩に花開いており、飲みなれてくるとはっきり感じられるようになります。

粉を入れる作業すら、気を抜くことはできない

　マウスフィールに極めて優れているのがエスプレッソですが、これは9気圧をかけることで油分と水分が混ざり合い乳化することが理由です。トロっとした触感で、それゆえ官能的なマウスフィールになっています。そしてそれは同時に、長く印象的に続く、アフターテイストにつながるのです。

　ドリップは、いわば軟らかな水です。ほんのりと甘みも感じられますが、エスプレッソの比ではありません。それゆえにスムースでなめらかなマウスフィールと、雪解けのようにきめ細かくきれいなアフターテイストと言えるでしょう。

　エスプレッソとドリップコーヒーのこれらの対照的な特徴は、抽出法の違いが大きいのはもちろんですが、焙煎でのコンセプトに明確な違いがあります。

　P91の表で、それぞれの酸と甘みの関係をイラストで示していますが、これはまさに焙煎の意図を表しています。エスプレッソは酸を甘さの膜で内包した状態、逆にドリップは酸が甘さの膜を少々突き破るような状態に仕上げます。

　これを味わいに言い換えると、前者は甘さが支配的で、酸味やフレーバーなども感じるものの、主張するものではありません。後者はフルーツに共通するような甘みを含んだ酸を主張させることでフレーバーを際立たせ、余韻として甘みが残る、といった感じになります。

たった一杯のエスプレッソで幸せになれる

　このように、真逆の存在に見えるエスプレッソとドリップですが、実は私たちが目指すゴールは一緒です。それは「透明性」という言葉に集約されます。ドリップコーヒーの透明性はご理解いただけると思いますが、完成度の高いエスプレッソにも、濃厚さの中に、必ずクリーンさがあるものです。ドリップも水に比べれば味わいの要素は当然多く、実は透明な飲み物ではありません。しかし成分に強弱をつけて、印象として「透明さ」を感じられるよう、焙煎・抽出工程で工夫しているのです。言うまでもなく豆の個性が結果を大きく左右します。エスプレッソにおいても私たちは同様に透明性を追求しています。

　スペシャルティコーヒーの時代を迎え、エスプレッソは実に変わりました。焙煎はドリップ同様の浅煎り・中浅煎りになり、フレーバーとクリーンさは以前より格段に表れるようになっています。

　エスプレッソはこれからもさらなる進化を遂げると確信していますが、現時点でも充分に、皆さんに幸福感をもたらすだけのクオリティに到達しています。バリスタの、そしてコーヒー業界の努力と能力の結晶と言うべきエスプレッソを、これまで以上に皆さんにお楽しみいただければ、これほどうれしいことはありません。

Coffee Study

10

時限目

あなたの味方・バリスタとロースターの役割

お店でコーヒーを淹れる職人・バリスタと
お店の裏側でコーヒー豆を焙煎する職人・ロースター。
彼らの関係性が、スペシャルティコーヒーの時代に入って
変化したことで、皆さんにとっていい事が起きているんです。
おいしいコーヒーをお届けするためにやっている
彼らの仕事の舞台裏を、ここに公開します

ロースターとバリスタ
職人たちに起きた変化

生産者から始まって、お客様にコーヒーをお届けする「フロム シードトゥ カップ」の流れの中で、最後の工程を担うのが「ロースター（焙煎人）」と「バリスタ」です。皆さんにお店でコーヒーを楽しんでいただくうえでも、お家でコーヒーを淹れていただくうえでも、彼らの担う責任はとても大きなものです。ここでは、ロースターとバリスタが果たしている役割と、そしてどうやって一杯のコーヒーが生まれているのかを、説明したいと思います。

まず彼らの役割、そして関係性はここ数年で様変わりしました。ポジティブな変化が起きたと言って過言ではありません。

コーヒーの味の多くを決定付ける焙煎人がバリスタよりも強い立場にいる、そんな時代がかつてはあったように思います。バリスタより先にコーヒー豆に触れるのが焙煎人です。川上にいる職人気質の彼らが焼いた豆を、川下のバリスタが使ってコーヒーを淹れる、そんな構図が成立していたのは自然な流れでした。

２０００年代に入り、スペシャルティコーヒーの時代を迎えると、その関係に変化が訪れました。その原動力になったのは、「市場開拓を試みる」スペシャルティコーヒーの根本的性質でした。既存のコーヒー業者との差別化のために、ロースターとバリスタの技術向上が徹底的になされました。「生産者との信頼をもとにダイレクトトレードした素晴らしい豆を、可能な限りおいしくお客様に提供する」。彼らは同じ目標に向かい腕を磨いたのでした。目標達成のためにロースターとバリスタは、互いに収集した情報を共有し、コミュニケーションを深めるようになったのです。その結果、バリスタは豆そのものの品質、生産プロセス、輸送から焙煎までの過程を理解したうえでコーヒーを抽出できるようになりました。いわば、ロースターに一歩「近付いた」のです。ロースターにも当然変化は及びました。所属する企業や焙煎人自身の一方的な嗜好が優先された焙煎から、バリスタからの要望ーそれは

バリスタ

店舗統括バリスタの前寺さん。各店を回って技術指導を行うほか、店頭にも立つ

お客様の傾向や嗜好を反映したものでもあったーに応えることが求められるようになったのです。それは逆にバリスタに一歩「近付いた」ということでしょう。

ロースターとバリスタという、かつては上下の関係にあった両者がフラットな関係でコミュニケーションを図り品質向上に取り組む姿勢は、コーヒー生産者と私たちコーヒー屋の関係に通じるものがあると感じています。かつて消費国からの一方的な要求により、コーヒー豆の品質が著しく落ちた時代がありましたが、ダイレクトトレードという対等な取引を試みたことで、スペシャルティコーヒーが生まれました。それらはすべてお客様にとっての「おいしい」を追求することであり、それを達成するほどに、貧困にあえぐ生産者たちへの利益還元につながっていくのです。

話がそれましたが、猿田彦珈琲においては、よりおいしいコーヒーを皆様に提供するために「ロースターとバリスタの職業領域を重ね合わせる」ことに最も心を砕いています。そのために、普段は違う職場でそれぞれの業務を行う彼らが率直なコミュニケーションをとる場として「カッピング」という機会を設けています。この場で彼らに「猿田彦珈琲の考えるおいしいコーヒー」という方向を確認・共有し、それぞれの持ち場に戻って作業に臨むのです。

ロースター

ヘッドロースターの村澤智之さん。豆の個性を最大限に引き出すべく、試行錯誤の毎日

コーヒー豆を読解する カッピングとは

次ページで、カッピングの様子を写真で紹介していますが、まずカッピングという言葉を説明をします。世界でわずか数%しか生産されないスペシャルティコーヒーですが、この基準はカッピングによって80点以上の評価を得た豆のことです。この点数は「カッパー」と呼ばれる消費国のカッピングの専門家などによってつけられたものです。評価項目は、①クリーンカップ(カップのきれいさ)②スイートネス(甘さ)③アシディティ(酸味の質)④マウスフィール(口中での質感)⑤フレーバー(味と香りの組合せ)⑥アフターテイスト(後味)⑦バランス⑧オーバーオール(総合評価／主観評価)、の8つになります。

この日のカッピングには、大塚さん、前寺さん、村澤さんに加え、恵比寿本店店長の浅川元寿さん（左手前）、技術管理責任者の都築[illegible]徳さん（左中）、品質管理責任者の久永由佳さん（右手前）が参加

複数の豆を、焙煎、挽き目などを同条件にそろえてカップに入れ、そこに直接お湯を注ぎ、香りとテイスティングで評価していくことが、カッピングです。

猿田彦珈琲で行うカッピングは、「よりお客様に喜んでいただけるようなおいしいコーヒーを淹れるため」のコミュニケーションを図る場です。カッピングで読み解いた情報をホワイトボードに書き出して議論を行います。

そうしてカッピングを経て読解した豆の特徴に、バリスタが日々店頭で得ている「お客様に喜んでいただける」方向性、ロースターが日々何百kgという豆と向き合う中で得た方向性をすり合わせて、「猿田彦珈琲としてどう焙煎し、いかに抽出するか」決定しているのです。

一番おいしいコーヒーが手の届くところにある

猿田彦珈琲らしい一杯とは、「クリーンで甘くなめらか、そしてフレーバーがきちんと出ている」ものだと私は思っていますが、自信を持ってそう言えるようになったのは創業5年を過ぎてようやくのことです。そしてそれはお客様に一番近いバリスタと、2番目に近いロースターが“本気で向き合って戦う”意思疎通を図れるようになったからなのです。

最後の授業、10時限目にロースターとバリスタの話を持ってきたのは、なにも、「猿田彦珈琲はこんなに頑張っているんだぞ」と誇りたいからではありません。申し上げたいことは、「スペシャルティコーヒーにおいては、産地

この日用意した10種の豆のフレーバーを順に読み上げていく。フレーバーを感じ取る能力が明らかになるため、緊張が走る

で、そしてコーヒー店で、いくつものチェック体制を敷いて、品質を保つ努力をしている。それによって、一番おいしいコーヒーが、皆さんの手の届くところに、手に届く価格で用意されている」ということです。

だから難しく考えることなく、楽しんでコーヒーを淹れてみてください。少々雑だったとしても、おいしいコーヒーが抽出できると思います。

素材がいいものだからブラックで飲まなければいけない、そんなことは断じてありません。砂糖を入れてもミルクを入れても、丹精込めて育て、精製し、焙煎した素晴らしい豆は、「たった一杯で幸せになれる」あなただけのコーヒーになるはずです。

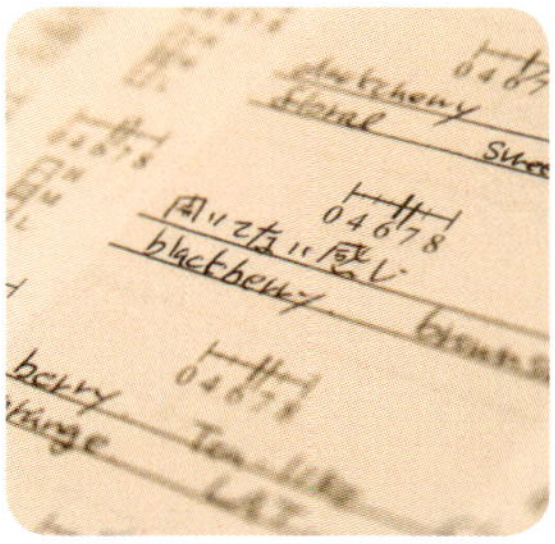

カッピングを通じて得た情報、評価をそれぞれがフォームに記入。これを元に意見を出し合い、豆の向かうべき方向を決める

香りの後は味のチェック。スプーンで4回混ぜたのち、空気と共にコーヒーをすすって8項目で評価する

挽いた豆に湯を注ぐ前、湯を注ぎ粉が固まってできた表層、層を崩した状態と、3回も香りをチェックする

コーヒーをより深く知るために…

コーヒー用語辞典

お家でコーヒーを淹れる習慣ができたら、
コーヒーの文化にも触れてみましょう。
コーヒーの言葉を知ることも、楽しいですよ！

Part 1 焙煎・抽出・テイスティング編

浅煎り

焙煎時間が短い、焙煎度合い。豆の色味は薄めの赤茶に近い。酸味が強調され苦味が弱くなる。スペシャルティコーヒーにおいて、象徴的な焙煎。

アシディティ

コーヒーの酸味のこと。浅～中煎りのスペシャルティコーヒーは、フルーツに似た印象を持つ。良質の酸は味の輪郭を構成し、さわやかさを生み出す。

アフターテイスト

コーヒーを飲み込んだあと、口の中に残る味わい。長く甘い余韻と雪解けのようなきめ細かい余韻が高評価される。

エアロプレス

アメリカのフリスビーメーカーが製作した、巨大な注射器のようなコーヒー抽出器具のこと。空気圧をかけることで短時間での抽出を可能にし、安定した味わいを実現。一方で、一度に大量のコーヒーを抽出するには不向き。

エスプレッソ

コーヒー豆を細挽きにし、専用のマシンで高い圧力をかけて素早く抽出したコーヒーのこと。風味が濃厚で粘度も高い。カプチーノやカフェラテなどエスプレッソがベースのアレンジドリンクのバリエーションも豊富。

カッピング

ワインのテイスティングのように、コーヒーの味や香り、品質の良し悪しを判断する作業のこと。フィルターをいっさい介することなく、挽いた豆に直接お湯を入れてコーヒーを抽出し、それを鼻と舌とで判定していく。生豆・

焙煎豆に関わる事業者のほとんどは、この技術を習得している。

カフェオレ

濃く抽出したドリップコーヒーに、温めたミルクを加えたもの。フランスでは朝食時に、たっぷりのカフェオレを専用のカフェオレボウルに入れて飲むことが多い。

カフェラテ

エスプレッソに温めたミルクを加えたもの。イタリアンバールや、シアトル系のコーヒー店では、温めたミルクでなく、蒸気で温め泡立てた、スチームドミルクが加えられる。

カプチーノ

エスプレッソに、スチームドミルクと、空気を含ませ泡立てたフォームドミルクを、すべて同率の割合で加えたもの。発祥の地・イタリアでは、主に朝食時限定で飲まれている。

金属フィルター

ステンレスなど金属でできたコーヒーフィルターのこと。コーヒー豆の持つ油分も同時に抽出されるため、個性を感じやすく、繊細なフレーバーを感じることができる。洗浄し繰り返し使えるためエコの観点からも優れている。

クリーンカップ

雑味が少なく、本来持っている好ましい風味を感じやすいこと。スペシャルティコーヒーの評価において、スタート地点と言うべき重要な要素だ。

コーヒーミル

コーヒー豆を粉砕する(挽く)ための器具。家庭用をコーヒーミル、業務用は「グラインダー」と呼ぶことが多い。

サイフォン

コーヒーの抽出器具の一つ。器具上部にある「ロート」に挽いた豆を入れ、下部の「フラスコ」に水を入れ、熱することで蒸気圧の力でお湯を移動させ抽出する。お湯の温度が高く圧力がかかるため、短時間での抽出が可能。19世紀のヨーロッパでその原型が発明された。バキュームポットとも呼ばれる。

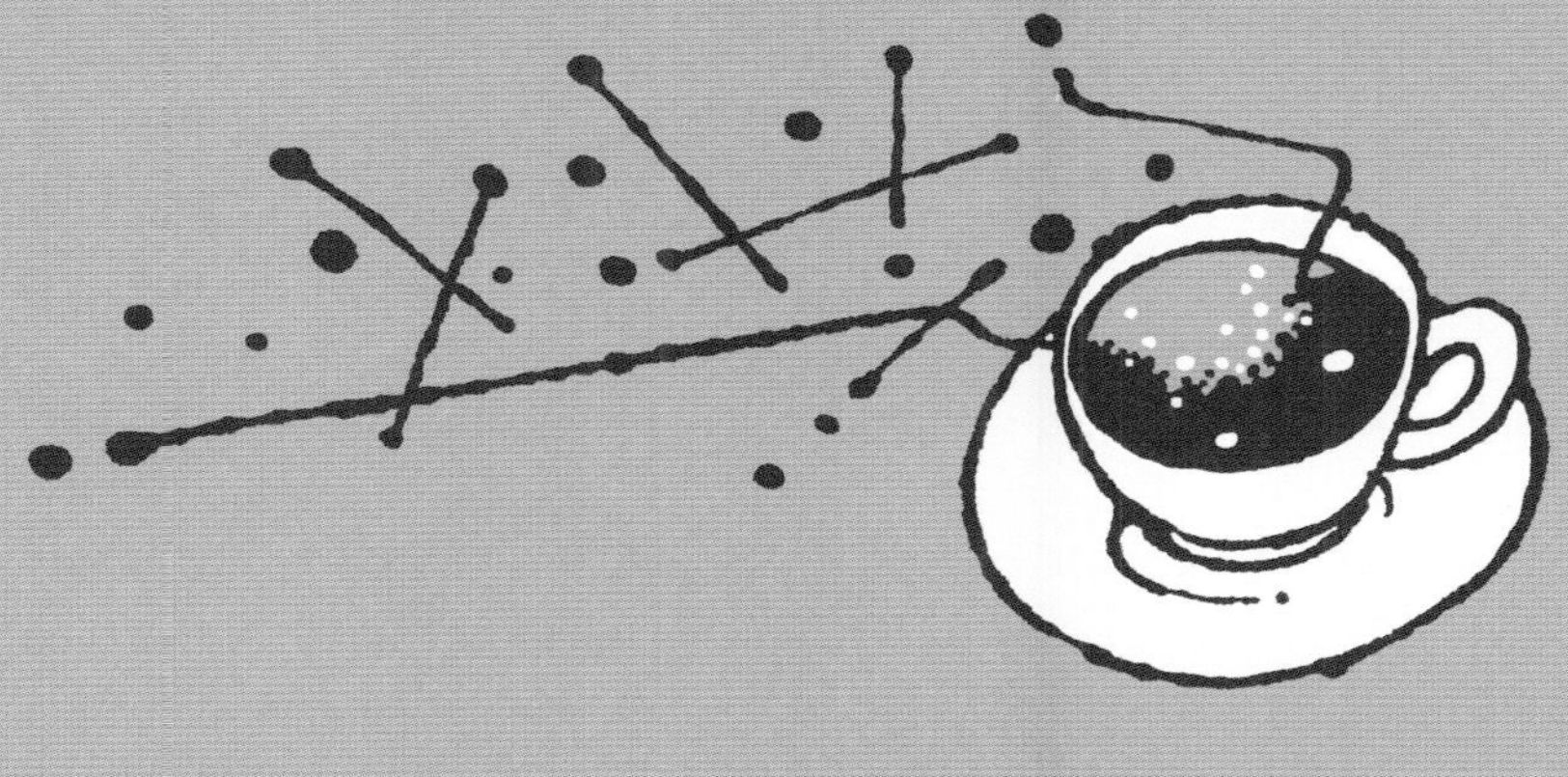

直火式焙煎

焙煎機の内部に熱源があり、生豆に直接火を当てて焙煎する方式。煎りムラが出やすい反面、直火ならではの独特の風味が加わる。

浸漬法

しんしほう。フレンチプレスやサイフォンのように、挽いたコーヒーを一定時間お湯に浸して抽出し、液体だけを取り出す方法のこと。

スウィートネス

コーヒー豆が本来持っている甘さのこと。品種にもよるが、収穫時のコーヒーチェリーの熟度のほか、焙煎の深度が影響するとされている。

スチームドミルク

蒸気を使って熱し、泡立てたミルク。その工程で水分がミルクに入るため、手早くかつ的確な技術が必要。

タクタイル

コーヒーの重量感を表す「ウェイト」と口に含んだ質感の「テクスチャー」、さらに余韻の「フィニッシュ」を合わせた、総合的な質感、触感のこと。

ターキッシュコーヒー

「イブリック」という器具を使い、細挽きの豆を煮出して抽出。粉ごとカップに注いで上澄みを飲む。トルコに約450年前から伝わる伝統的な飲用法。

中煎り

浅煎りと深煎りの中間の焙煎度合い。なめらかなマウスフィールに優れている。酸味や甘み、後味ほか、突出はないがバランスに長けている。

透過法

挽いた豆に一定のタイミングでお湯をくぐらせて、コーヒーを抽出する方法。ペーパードリップに代表される。

ドリッパー

コーヒーの抽出器具。内側にフィルターをセットし、挽いた豆を入れて使用する。ガラスや陶器など、素材は多彩。また、形状により味の出かたも異なる。

ドリップ

コーヒーの抽出法の一つ。ドリッパーにフィルターを設置し、挽いた豆を入れ、お湯を注いでこし淹れる方法のこと。フィルターにはペーパー、ネル、金属などが使われる。

ドリップケトル

コーヒーをドリップする際に、お湯の量を調節しやすいよう、細い注ぎ口を備えたコーヒー専用のケトルのこと。

熱風式焙煎

焙煎機の外部に熱源があり、熱した空気を流入して焙煎する方式。ムラなく大量に焙煎することができる。また、小型のものは温度の調節が精度高く行え、焙煎の自由度も高い。豆本来の風味を生かす焙煎に適している。

焙煎

生豆を乾煎りする加熱作業のこと。ローストとも言う。焙煎前の生豆は淡緑色で青くさく、そのままでは飲用に適さない。加熱し、水分を飛ばすことで豆本来の素晴らしい香りや苦味、酸味などを引き出していく。

焙煎機

コーヒー豆を焙煎するための器具。家庭用の小さなものからプロ用の大型のものまで、種類も豊富。焙煎時の加熱方法により「直火式」「熱風式」「半熱風式」の3タイプに分類される。13世紀の遺跡から、焙煎に使われたと思われる道具が発掘されている。

焙煎度合い

焙煎時の、時間や熱のかけ方によって生じる、コーヒー豆の焙煎の深さを示す度合いのこと。大きく「浅煎り」「中煎り」「深煎り」の三段階に分けられる。

半熱風式焙煎

焙煎機の内部に熱源があるが、生豆に直接火を当てず、熱せられたドラムと熱風により焙煎する方式。煎りムラが出にくく、短時間で焙煎することが可能。スッキリとした優しい風味を生むのに適している。

フォームドミルク

専用の攪拌器具を使用し、空気を含ませながら熱し、泡立てたミルク。特に、上部の細かく泡立った部分のこと。

深煎り

焙煎時間の長い焙煎度合い。その豆は黒褐色に輝き、苦味とカラメルのような甘みを帯びる。酸味はほとんど感じなくなる。

フレーバー

コーヒーを口に入れた際に感じる、風味や香りなどの総合的な印象を表す。わかりやすく他のものに例え、「キャラメル」「チョコレート」「ナッツ」「柑橘系のフルーツ」などといった言葉で表現することが慣習となっている。

フレンチプレス

抽出器具の一つ。円筒状の器具に挽いた豆とお湯を入れ、一定時間経過ののち、取っ手のついた金属フィルターを押し込んでこす。紅茶の抽出器具として知られているが本来はコーヒー用。取扱いは簡単だが、コーヒー豆の持つ個性をダイレクトに楽しめ、技術差が出にくいので、初心者におすすめだ。

ペーパーフィルター

ドリップする際に使用する紙製のフィルター。漂白された白色のものと、無漂白の茶色のものがある。目が細かく油分をカットするので、クリアでキレのあるコーヒーになる傾向がある。

ボディ

コーヒーの重量感のこと。口に含んだ際に豊かで、ボリューム感を感じるほど評価が高まるが、最近はボディの評価よりも、マウスフィールやフィニッシュと合わせ、総合的な質感＝タクタイルとして評価する方向にある。

マウスフィール

コーヒーを口に含んだ際の質感のこと。粘度や密度、きめ細かさなどが含まれる。マウスフィールのいいコーヒーは、のど越しよく、嚥下後に心地よさが持続する。

水出しコーヒー

お湯でなく冷水で抽出するコーヒー。ダッチコーヒーとも呼ばれる。抽出時間はかかるが、まろやかな味わいとマウスフィールに優れる。近年、アメリカなどでは「コールドブリュー」と呼ばれ、人気を博している。

ネルフィルター

柔らかな布を使ったフィルター。ペーパーフィルターに比べ目が粗く油分も通すため、フレーバー感に優れ、かつマイルドな味わいに仕上がる。保管など取扱いに比較的手間がかかる。

ラテアート

エスプレッソにスチームドミルクを注ぐ際に、ミルクの流れを使ってハートなどデザインを描くこと。型版や他の道具を使って描くものは、「デザインカプチーノ」と呼ばれ区別されている。

Part 2

カルチャー・人物編

アグロ・タケシ農園

ボリビアにあり、1900m～2600mという世界一の標高を誇る農園。標高が高いため、コーヒーチェリーが完熟するまでの期間が長く、豊かな風味と複雑な甘みが生まれている。

井崎英典

世界一のバリスタを決める大会、2014年ワールド・バリスタ・チャンピオンシップ・リミニ（イタリア）大会で、アジア人初の世界チャンピオンになった日本人バリスタ。12、13年の、ジャパン・バリスタ・チャンピオンシップの優勝者でもある。

イタリアンバール

イタリアの軽食喫茶店。イタリア人にとって欠かせない存在で、エスプレッソを中心に朝から夜まで気軽に立ち寄り、自由に楽しんでいる。食事メイン、お酒メインなど、業態はさまざま。

インディペンデント系カフェ

独立系カフェとも言う、個人経営や小規模チェーンのカフェ。雰囲気やサービス、ドリンクの種類など、小規模店ならではのオリジナリティが光る。

エスメラルダ農園

パナマ・ボケーテ地区にある世界最高の農園の一つ。2004年から07年まで、国際品評会の「ベスト・オブ・パナマ」で1位を獲得し続けたのが、この農園のゲイシャ種。当時のスペシャルティコーヒーの平均価格を大きく上回り、歴代最高値で落札された。

エル・インヘルト農園

グアテマラ・ウェウェテナンゴ地区にある世界最高の農園の一つ。ここで栽培されたパカマラ種は、カップ・オブ・エクセレンスで3年連続1位を受賞しており、スペシャルティコーヒーの頂点とも言える逸品。

エルウィン・ミエリッヒ

ニカラグア・マタガルパ地区のリモンシリョ農園など、いくつもの農園を営む大農園主。生産者ながらカップ・オブ・エクセレンスのヘッドジャッジとしても活動しており、同国のスペシャルティコーヒー界を支えている人物。

カップ・オブ・エクセレンス

生産国ごとに、その年に収穫された最高品質のコーヒーを選出する、最も格式のある品評会のこと。元々は、発展途上国であるコーヒー生産国の貧困救済・解決のために「高品質コーヒーを生産し、コーヒー生産者の所得に還元できないか」と試みたプロジェクトだった。厳しい審査により選ばれたコーヒーには、同名の称号が与えられる。入賞したコーヒーはインターネットでオークションにかけられ、入札金のほとんどが生産者にわたる。COE（シーオーイー）と略される。

クラシフィカドール

ブラジルのコーヒー鑑定人のこと。養成学校で品質審査や買付や販売など、コーヒーに関するあらゆることを学んだスペシャリスト。コロンビアにも「マイルドコーヒー・クオリティ・コントロール・スペシャリスト」という同様の資格がある。

コモディティコーヒー

一般に流通している市場取引によって売買されるコーヒーのこと。生産されたコーヒーは見た目や色など、数値管理できる基準で格付けされ、ランクごとにまとめて取引される。味に関しては「欠点がない」ことが重視される。

コーヒースタンド

テイクアウトや立ち飲みをメインとした、小規模なコーヒーショップのこと。スペシャルティコーヒーのみを扱うなど、コーヒーの質にこだわる店が多い。

サステナビリティ

直訳すれば「持続可能性」。自然環境や生産者の労働環境の保護など、コーヒー豆の生産において、未来へつながる体制を築くこと。

サードウェーブ御三家

ポートランドの「スタンプタウン・コーヒー・ロースターズ」、シカゴの「インテリジェンシア・コーヒー」、ノースカロライナの「カウンター・カルチャー・コーヒー」を、〝サードウェーブ御三家〟と呼ぶ。どのショップも生産者とのダイレクトトレードを根底に経営を行なっており、その点において、コーヒービジネスを画期的に変えた。世界のコーヒーマニアの間で聖地化している、アメリカを代表するスペシャルティコーヒーショップである。

サードウェーブ

1990年代後半より欧米で始まった、コーヒームーブメント。生産地と直接取引するダイレクトトレードにより、コーヒー豆の品質向上と生産者の収入アップにつながる関係性を構築したのが、原点。その中でコーヒー販売のための付加価値として、焙煎や抽出といった工程のパフォーマンス化を行った。それらは現在のコーヒーショップに影響を与えている

セカンドウェーブ

1960年代から90年頃に生まれたコーヒー文化。質より量を優先したファーストウェーブへの反動で、高品質なコーヒーへの需要が高まり、シアトル系カフェを始め、チェーン店が産地とのルート開拓・仕入れを行うなどして、味を重視する方向に向かった。

シアトル系カフェ

1960代〜90年ころの、セカンドウェーブの時期に流行。「スターバックスコーヒー」「タリーズ」など、アメリカ・シアトルを中心に発展したカフェチェーン。エスプレッソをベースにしたアレンジコーヒーが人気を博した。

ジェームズ・ホフマン

2007年ワールド・バリスタ・チャンピオンシップ・東京大会で優勝した世界的なバリスタ。イギリス出身。バリスタとしての優れた技術だけでなく、コーヒーに関する知識も豊富。自身の持っている情報の公開を惜しまない人物の一人で、コーヒー業界に対する彼の発言は常に注目されている。ロンドンの「スクエアマイル・コーヒーロースター」の経営者でもある。

ジョージ・ハウエル

COE創始者の一人で、スペシャルティコーヒーの第一人者。世界のコーヒー関係者から、伝説の人物として尊敬を集めている。審査会で用いられているCOE方式のカッピングシートも彼の発案だ。ボストンで営んでいた「コーヒーコネクション」がスターバックスに買収されたのち、国連グルメコーヒープロジェクトの中心人物となった。現在はボストンで「ジョージ・ハウエル コーヒー」を経営。

シングルオリジンコーヒー

生産国、生産者、生産処理法が一定のレベルまで追跡可能で、かつそれらがブレンドされていないコーヒーのこと。アフリカのように小規模生産者が持ち寄った、生産処理場単位でのコーヒーも含まれる。

ストレートコーヒー

「ブラジル」「ブルーマウンテン」など、生産国やエリアなどでカテゴライズされ、ブレンドされていないコーヒー豆、それを使用し淹れたコーヒーのこと。

スペシャルティコーヒー

飲む人がおいしいと満足する、素晴らしい風味のコーヒーのこと。コーヒー豆からカップになるまでのすべての段階において、一貫した体制・工程で品質管理が徹底していることが必須で、トレーサビリティとサステナビリティが重要視されている。味に関しては、欠点よりもその豆の優れている点を評価する。

ダイレクトトレード

コーヒー生産者と販売者が中間業者を通さず直接取引すること。販売者が直接産地に足を運ぶことで、継続的に品質の高いコーヒーを入手しやすい。

トレーサビリティ

コーヒー豆に限らず、物品の生産から手元に届くまでの流通経路の履歴を、完全に把握できる状態のこと。これが担保されることで、安全性と品質が守られると考えられている。

バリスタ

コーヒーをサーブする職人のこと。本来はバールのカウンターでエスプレッソなどコーヒー淹れると同時に、お酒や食事などバール作業全般に精通している職人を表した。

ビーンズショップ

焙煎したコーヒー豆の販売に特化している店舗やスペースのこと。その焙煎豆を使ったコーヒーを出すカフェを併設している場合もある。

ファーストウェーブ

１９６０年代までのアメリカのコーヒー文化。コーヒーの大量生産が可能になり、挽いた豆を真空缶に詰め流通させることで、一般家庭や職場での大量消費が生まれた。味よりも経済効率を重視したため、品質の低下から「コーヒー離れ」を生んだ。

フェアトレード

立場の弱い生産者に対し、商品を適正価格で継続的に取引し、生産者の生活向上につながる貿易のしくみ。スペシャルティコーヒーの生産・消費活動はこれを前提に成立している。

プライベートオークション

ＣＯＥなど、開催各国で多くの農園が参加するオークションでなく、農園単位でのオークションのこと。ランク付けをせず、区画・品種などで細かく分けられたロットを、オークションで落札するスタイル。パナマのエスメラルダ農園、グアテマラのエル・インヘルト農園、ニカラグアのミエリッヒ家所有農園などで開催されている。

フリッツ・ストーム

2002年ワールド・バリスタ・チャンピオンシップ（WBC）・オスロ大会の優勝者。デンマーク出身。自らの体験をシェアしたいと、WBCの審査員や、セミナーなどを通じてバリスタの育成に力を入れている。

プレミアムコーヒー

「ブルーマウンテン」や「キリマンジャロ」など、特定の地域で生産されているコーヒーのこと。ブランド化されており、特別な名称が付いていることが多い。

ブレンドコーヒー

数種類のコーヒー豆を混ぜ合わせたコーヒー。ストレートコーヒー単品では出せない風味を、店ごとの好みや意図を反映して作り上げることができる。

丸山健太郎

丸山珈琲代表取締役。スペシャルティコーヒー界で屈指のカッパーで、COEなどの品評会に世界で最も参加している国際審査員でもある。10年以上にわたって年間150日を海外での活動にあたっている、世界的にも類を見ないコーヒーバイヤー。2002年にCOE1位の豆（ブラジル・アグアリンパ）を史上最高価格で落札し話題を呼んだ。2004年にはSCAE（ヨーロッパスペシャリティコーヒー協会）から若手企業家賞を受賞している。

ロースタリーカフェ

焙煎機が置いてあり、コーヒー豆を自家焙煎しているカフェ。近年のコーヒー店によく見られる業態で、猿田彦珈琲もこのジャンルである。2014年にはセカンドウェーブの象徴であるスターバックスも、巨大なロースタリーカフェをシアトルにオープンした。

ロースターズギルド

「スペシャルティコーヒー アソシエイション オブ アメリカ（SCAA）」が主催する焙煎人の団体。技術交流や大会などが行われている。日本でも「ローストマスターズ・リトリート」が、同様の活動を行っている。

ワールド・カップテイスターズ・チャンピオンシップ

カッピングの世界一を決める大会。3つのカップのうち、一つだけ産地の違うコーヒーが入っており、その違うカップを当てる。計8セット行ない、正解カップ数と時間の速さで優劣を競う。WCTCと略される。

ワールド・バリスタ・チャンピオンシップ

毎年開催される、世界最高峰のバリスタ競技大会。エスプレッソ／ミルクビバレッジ／シグネチャービバレッジの、3種のエスプレッソドリンクを15分間で4名の審査員にサーブし優劣を競う。優勝者は、最高の技術者であると同時に、コーヒー親善大使と言うべき役割を担うため、「どの豆を選び、どのようなテーマで淹れたのか」など、プレゼンテーション能力も審査の重要な要素となる。WBCと略される。WBCに出場する日本代表を決める大会が「ジャパン・バリスタ・チャンピオンシップ」。通称JBC。

ワールド・ブリューワーズカップ

ワールド・バリスタ・チャンピオンシップに準じる世界大会で、ペーパードリップ、フレンチプレス、エアロプレスなど、手動の器具を競技者自身で選択し、抽出技術を競い合う。2016年は茨城県のコーヒーショップ「コーヒーファクトリー」の粕谷哲氏が優勝し、アジア人初優勝という快挙に沸いた。WBrCと略される。

Part 3

栽培／生産処理編

麻袋

麻の繊維を編んで作った、大型の丈夫な袋。生産地から生豆を運搬する際に使用する。一袋に60～70kgの生豆が入る。「またい」と呼ばれることもある。

アフリカンベッド

木や鉄製の枠を組み、そこにネットを張った乾燥棚。ネットの下側からも風が入ることによって均一に乾燥され、品質の高いコーヒー豆を作ることができる。アフリカだけでなく、中南米でも採用されている。

アラビカ種

世界のコーヒー生産量の約6割を占めている種。原産地はエチオピア。病気や害虫に弱いが、香り、酸味に優れており、スペシャルティコーヒーはすべてがアラビカ種の豆である。ゲイシャ種、ティピカ種といった原種に近いものから、ブルボン種ほか、数多くの亜種、変異種がある。

イエローブルボン種

完熟すると黄色になるブルボン種のこと。通常のブルボン種よりも甘みが強いと言われている。ブラジル産のスペシャルティコーヒーによく見られる。

ウェットミル

収穫したコーヒーチェリーを生産処理し、パーチメントコーヒーの状態にするまでの工程を行なう精製所。

ウォッシングステーション

小規模生産者の多いアフリカで、収穫したコーヒーチェリーを持ち込み、一括で生産処理をする工場のこと。管理の行き届いたステーションでは、非常に高レベルでの処理が行なわれている。

カネフォラ種

アラビカ種と並ぶコーヒーの主要な種で、ほとんどがロブスタ種である。低地でも栽培可能で、病気に強く生産性も高い。苦味が強いため、インスタントコーヒーのような加工用に使われる。

グレインプロ

穀物用に作られた厚手のポリエチレン製の袋で、鮮度を保ち虫の混入も防ぐ。この袋に生豆を入れてから麻袋に入れることで品質維持につながっている。

ゲイシャ種

エチオピアの野生種で、発見された地名が名前の由来。パナマの国際品評会で見出され、爆発的な人気に。花や香水のような香りに柑橘類のようなフレーバーなど、独自の味わいが魅力。

コピ・ルアク

ジャコウネコの糞から採れる、未消化のコーヒー豆のこと。きれいに洗浄し、よく乾燥させてから焙煎する。腸内の分泌物によって独特の複雑な香りが加わっている。

コーヒーチェリー

コーヒーの実は、真っ赤に熟した姿がサクランボに似ていることから「コーヒーチェリー」と呼ばれている。

コーヒーノキ

コーヒーの木のこと。アカネ科コーヒーノキ属の植物の総称で、種子からコーヒー豆が採れる。苗木から3～5年ほどで花を咲かせ、果実を付ける。

コーヒーベルト

赤道をはさんで北緯25度、南緯25度の間の、コーヒー豆の生産に適した地域のこと。日本でも、沖縄や小笠原で非常に小規模ながら栽培されている。

コンテナ

貨物輸送用の大型の容器。20tほど入る。スペシャルティコーヒー用のほとんどが、品質を保つためにエアコンを完備している。

さび病

「コーヒーさび病菌」というカビによる植物の伝染病。空気感染するため、感染した一本の木から、農園全体、産地全体へと広がっていき、やがてすべてのコーヒーノキを壊滅させる恐ろしい病気。過去には東南アジア地域のアラビカ種が壊滅状態に陥ったことも。

シェードツリー

コーヒー豆の栽培は、日当たりがいいと同時に、適度な日陰のある場所が必要不可欠。その日陰を作るための、高い木のこと。バナナやマンゴーなどのほか、中米ではインガ(豆)の木が用いられている。

収穫

人力と機械の2種類の収穫法がある。小規模農園や山の斜面にある農園は通常、人力による「手摘み」で、完熟した豆のみを収穫するよう労働者に指示している。ブラジルなど一部の広大な平地で栽培している場合は機械を使用。収穫は完熟するタイミングを見て、何度かに分けて行われる。

小規模生産者

世界のコーヒーの約半分を生産していると言われる、立場的にも弱い小規模なコーヒー生産者のこと。

スマトラ式

コーヒーの生産処理方法の一つ。インドネシアで行なわれており、果肉を処理した後、パーチメントが半乾きの状態で脱穀し、さらに生豆の状態で乾燥させる。生豆の色が深緑色になり、独特の香りと味わいが生まれる。

生産処理

コーヒーの実から生豆を取り出す過程のこと。スペシャルティコーヒーの場合、処理に到るまで、また処理中のチェリーの選別を正しく行うことなど、高度に管理された生産処理が必要。

ティピカ種

アラビカ種で最も原種に近い品種。生産性は低いが、豊かな風味、さわやかな酸味を持ち、近年では高級豆としての需要も高まっている。標高1000m以上の高地での栽培に向いている。

テロワール

コーヒーだけでなく、生産物の風味や味に影響を与える地理や土壌、気候など、取り巻く環境のこと。パナマのゲイシャ種のように、ある場所に特別に適した品種が生まれることもある。

ドライミル

生産処理の終了したパーチメントコーヒーを保存、脱穀、選別をし、袋詰めまで可能な工場のこと。

ナチュラル

コーヒーの生産処理方法の一つ。収穫したコーヒーチェリーをそのまま天日乾燥させてから果肉を取り除き、脱穀し生豆を取り出す。コーヒーを果肉が付いたまま天日乾燥させることで、熟した果実のような強く甘い香りが生まれる。その一方で発酵臭ゆえのクリーンさの不足を指摘する声も。主にブラジルで行なわれている処理方法である。

生豆

なままめ。パーチメントを除去し、焙煎をする前の状態のコーヒー豆。一般的に新しいほど緑色が強く、時間が経過するにつれて黄褐色に変化する。

ハイブリッド種

人工的にアラビカ種とロブスタ種をかけ合わせた品種。アラビカ種の優れた風味と、ロブスタ種の耐病性を備えている。

パカマラ種

パカス種とマラゴジッペ種を人工交配して作られた品種。豆の粒が大きく、上品な酸味、甘み、コクなどのバランスがいい。グアテマラのエル・インヘルト農園のパカマラ種は特に有名。

バキュームパック

酸化を防ぐために空気を取り除き、真空包装すること、あるいはしたもの。COEなど高価で高品質のコーヒー豆の場合、バキュームパックに入って運ばれるものも多い。

パティオ

生産処理中のコーヒー豆を乾燥させるための、レンガやコンクリートでできた天日干しの乾燥場のこと。中南米で多く見られる。

パーチメントコーヒー

果肉を取り除き、やや固い殻「パーチメント」の付いた状態のこと。米でいう玄米の状態。保存性が高いため、通常はパーチメントが付いた状態で保管し、輸出する直前に脱穀し生豆にする。

ハニープロセス

コスタリカでの生産処理方法の一つ。パルプトナチュラルと同様、機械でコーヒーチェリーの果肉を除去し天日乾燥する。果肉を除去する際に、粘液質の部分・ムシラージの残し方によって、さまざまな風味を作り出す。

パルプ

コーヒーチェリーの果肉のこと。食べると甘い。生産処理方法にもよるが、通常は破棄される。

パルプトナチュラル

コーヒーの生産処理方法の一つ。収穫したコーヒーチェリーを機械にかけて果肉を取り除き、天日乾燥させてから脱穀し生豆を取り出す。この生産処理のコーヒーは総じて甘く、マウスフィールに厚みのあるものが多い。

パルパー

コーヒーチェリーの果肉を除去する機械。手動から電動の巨大なものまであり、機械を清潔に保たなければ腐敗した果肉が溜まり、粗悪なコーヒー豆へとつながる。

ピーベリー

通常一つのコーヒーチェリーには2つのコーヒー豆が入っているが、偶然一つの丸い豆しか入っていないもののこと。全体の10%ほどしか採れず、貴重。味はそれほど変わらないが、「香りが強い」と評価する専門家も。

品種

ティピカ、ブルボン、ゲイシャなどの栽培品種のこと。アラビカ種とカネフォラ種は「種」に分類され、植物学上は別の種類で、通常自然交配は不可能。同じ品種でも栽培場所や環境、世話の仕方などで味がまるで違ってくる。

(フリィ)ウォッシュト

コーヒーの生産処理方法の一つ。多く

の地域で採用されている、一般的な方法。収穫したコーヒーチェリーを機械にかけ果肉を取り除き、発酵槽と呼ばれるタンクで発酵させ、周りの粘液質・ムシラージをとりやすくする。その後、ムシラージを水で洗い流し、乾燥させる。クリーンな味わいが魅力。

ブルボン種

アラビカ種の中で、ゲイシャ種、ティピカ種などと並ぶ品種。ティピカ種の突然変異から生まれた。やや小粒で病気にも弱いが、芳醇な風味、甘み、濃厚なコクが特徴。

ベリーボーラー

日本語にすると、「ベリー（果実）」「ボーラー（穴を開けるもの）」の意味で、コーヒーの実を食べてしまう害虫の総称。コーヒーの実に卵を産みつけ、孵化した幼虫が種子をエサとし、成長する。害虫駆除のために農薬散布などが行われるため、生産者・消費者の健康被害が懸念されている。

ポテト

コーヒー豆の害虫被害によって生まれるフレーバー。東アフリカ、特にルワンダとブルンジに見られるものである。カメムシの一種がコーヒーの果汁を吸うことで、生のジャガイモをかじったような青臭い風味がコーヒー豆に生じる。また近年では土壌のバクテリアが影響を与えているという報告もされている。生豆の外見からポテトを見分けることはほとんど不可能で、焙煎時、コーヒー豆を挽いた時、湯を注いだ時、実際にコーヒーを飲んだ時にしか、その被害を知ることができない。

マイクロミル

コスタリカの生産者自身が持っている小規模なウェットミル。現在は200以上のマイクロミルがコスタリカにある。この施設により、栽培から水洗、乾燥まで一貫して管理が可能となり、高品質なコーヒー豆を作り出している。

ムシラージ

コーヒーチェリーの果肉を取り除いた際、パーチメントの外側に付着している粘液質の部分のこと。これを完全に取り除くウォッシュトだとすっきりしたコーヒーに、これを残すナチュラルだと甘みが強くなる傾向がある。ミューシレージとも言う。

メガミル

マイクロミルの逆にあたるのが、「メガミル」と呼ばれる巨大な生産処理施設。従来コスタリカでは、生産者はメガミルに収穫したコーヒー豆を持ち寄っていた。そこで生産処理された豆は、品質が高かろうが低かろうが一括して、「コスタリカコーヒー」として扱われ、出荷されていた。その後、コーヒー農園の規模縮小に伴う生産減、スペシャルティコーヒーのトレンドを受け、特に生産量が少なく、メガミルの恩恵を受けなかった小規模生産者を中心に、マイクロミル化が加速していった。

リオ臭

ヨードフォルム（赤チン）のような薬品臭（オフフレーバー）を持つ豆のこと。ブラジル・リオデジャネイロ周辺の土壌が持つ、強いヨード臭の影響をコーヒーチェリーが受けていると考えられている。

リベリカ種

アラビカ種、カネフォラ種と並びコーヒーの3大種の一つ。西アフリカのリベリアを原産とするが、現在はほとんど生産されておらず、その流通量は全世界で1%に満たない。気温・湿度・雨量などへの順応性が高く、平地栽培が可能というメリットがある一方で、果実成熟が遅い、さび病に対して脆弱、さらに樹が大木で収穫作業が大変であるなどデメリットも多い。

レスティング

生豆の仕上げ工程の一つ。乾燥したてのパーチメントコーヒーまたは乾いたコーヒーチェリーを休息させて水分値を調整し、品質安定を図ること。数週間から数か月と、生産処理や精製方法によって期間が異なる。気温湿度が一定で風通しのいい倉庫で管理され、このあと、脱穀作業へと移る。

お手本の味はココで学ぼう

全国コーヒーショップガイド

猿田彦スタッフセレクト

家でコーヒーを入れる時に不安になるのが、
「この味は正解なんだろうか…」ということ。
そんな時、行きつけの店があれば、正解の味が
確かめられるし、アドバイスももらえて便利だ。
ここでは、東京にある猿田彦珈琲の全店舗と、
大塚朝之オススメの全国のコーヒーショップをご紹介！

東京　猿田彦珈琲 恵比寿本店

8.7坪から歴史が生まれた！

2011年6月にオープンした第1号店。ファンの間で聖地化していて、行列ができることもしばしば。ほぼ2週ごとに変わるシングルオリジン豆を使ったカフェラテや、クリーンで甘い余韻のドリップコーヒーを楽しみたい。

住渋谷区恵比寿1-6-6 斎藤ビル1Ｆ
☎03·5422·6970　営8:00〜24:30、
㊏㊐10:00〜　休なし　席13席
交ⒿⓂ恵比寿駅西口より徒歩1分

代表の大塚朝之はじめ初期メンバーが、悪戦苦闘し手作りした跡が残るアットホームな店舗。混み合うことが多いがテイクアウトも可

取扱いメニュー etc.

●	ドリップコーヒー
●	エスプレッソ系コーヒー
●	アレンジコーヒー
●	豆の販売
×	器具の販売
●	飲料・食品の販売
スタッフのイチ押しドリンク	シングルオリジン使用のカフェラテ

東京

猿田彦珈琲 恵比寿本店 別館

初心者も安心の、親切対応

ドリッパーやフレンチプレスといった抽出器具から、パックのコーヒー飲料やコーヒーバッグまでそろえる、コーヒー豆と器具の専門店。恵比寿本店から徒歩２０秒の場所にあるので、本店でコーヒーを飲んだ後、訪れたい。

住渋谷区恵比寿1-5-1 ボックスハツミ102
03-5422-8176　12:00～19:30
休月　席なし
交ⒿⓍ恵比寿駅西口より徒歩1分

シングルオリジンからブレンドなど豆の多彩さは系列店でダントツ。初めてのコーヒー道具購入に、うってつけの店だ

取扱いメニュー etc.	
×	ドリップコーヒー
×	エスプレッソ系コーヒー
×	アレンジコーヒー
●	豆の販売
●	器具の販売
●	飲料・食品の販売
スタッフのイチ押し豆	隔週で入れ替わるシングルオリジン

東京

猿田彦珈琲 アトレ恵比寿ウエストサイドストア

使い勝手バツグン！

駅隣接の利便性に加え、あらゆるニーズに応えるラインナップがウリ。コーヒーはドリップからエスプレッソ系、季節ごとのアレンジコーヒーを用意し、そのほかフードメニュー、豆、贈答品まで用意している。

住渋谷区恵比寿南1-6-1 アトレ恵比寿西館1F　03-5475-8548　8:00～23:00
休アトレに準ずる　席20席
交ⒿⓍ恵比寿駅西口より徒歩1分

カフェスペースも広く、モーニング利用もオススメだ。フード類はスラットやグラノーラ、ケーキなどを用意している

取扱いメニュー etc.	
●	ドリップコーヒー
●	エスプレッソ系コーヒー
●	アレンジコーヒー
●	豆の販売
●	器具の販売
●	飲料・食品の販売
スタッフのイチ押しドリンク	恵比寿ブレンド（ドリップ）

東京

猿田彦珈琲 表参道店

旅と本とコーヒーの三重奏

旅行代理店のH.I.S.店舗内に構える、「旅と本と珈琲と」をテーマに掲げたコンセプトショップ。旅関連の本を読んだり、旅行の計画を立てながらコーヒーを楽しみたい。もちろん旅行の予定がなくても、気軽に利用できる。

住渋谷区神宮前4-3-3 バルビゾン7番館1F　03-5411-3885　11:00～19:00
休不定　席20席
交Ⓧ表参道駅A2出口より徒歩2分

表参道交差点から明治通りに向かう途中、表参道ヒルズの手前の路地を入ったところにある。店内奥には広々としたカフェスペースが

取扱いメニュー etc.	
●	ドリップコーヒー
●	エスプレッソ系コーヒー
●	アレンジコーヒー
●	豆の販売
●	器具の販売
●	飲料・食品の販売
スタッフのイチ押しドリンク	旅の扉ブレンド（ドリップ）

東京 猿田彦珈琲 渋谷modi店

旅もコーヒーも気軽に楽しむ

H.I.S.とのコラボ第2号店。コーヒースタンドスタイルで、テイクアウトほか、バリスタと直接会話も楽しめる。ハイエンドのエスプレッソマシーンを備えており、ラテやカプチーノ、もちろんエスプレッソもおすすめだ。

住渋谷区神南1-21-3 渋谷modi B1
☎03-3461-0256 営12:00～21:00
休渋谷modiに準ずる 席なし
交(J)(メ)(東)(王)渋谷駅7出口より徒歩2分

渋谷modiの地下1階と好立地で、H.I.S.に併設されている。旅の申し込みや相談ついでに、また通りすがりや日常使いにも適している

取扱いメニュー etc.	
●	ドリップコーヒー
●	エスプレッソ系コーヒー
●	アレンジコーヒー
●	豆の販売
×	器具の販売
●	飲料・食品の販売
スタッフのイチ押しドリンク	旅の扉ブレンド（ドリップ）

東京 猿田彦珈琲 ビームス ジャパン 新宿店

和とコーヒーを融合

セレクトショップの雄、ビームスジャパン1階にあるコーヒースタンド。「和モダン」をコンセプトに、コーヒーを通じて新たな日本の粋を追求している。「濃厚 抹茶みつフラッペ」は、この店から生まれた人気メニュー。

住新宿区新宿3-32-6 ビームスジャパン1F
☎03-6457-7805 営8:30～21:00
休不定 席3席（カウンター）
交(メ)(都)新宿三丁目駅A2出口より徒歩3分

通りからもコーヒーを買うことができる、まさにコーヒースタンド。店内のカウンターのほか、店外には小さいながらベンチもある

取扱いメニュー etc.	
●	ドリップコーヒー
●	エスプレッソ系コーヒー
●	アレンジコーヒー
●	豆の販売
×	器具の販売
●	飲料・食品の販売
スタッフのイチ押しドリンク	ジャパンブレンド（ドリップ）

東京 猿田彦珈琲 アトリエ仙川

焙煎所を併設した旗艦店

焙煎所を併設するフラッグシップショップ。元イタリアンのシェフが常駐し、スラットやフレンチトーストなど、フードメニューも充実。店内のテーブル席、カウンター席のほか、晴れた日には1階外のデッキ席も利用したい。

住調布市仙川町1-48-3 P'sスクエア仙川
☎03-6909-0922 営7:00～22:30、(土)(日)(祝)10:00～ 休なし 席60席
交(王)仙川駅より徒歩1分

仙川駅周辺はコーヒーショップが軒を連ねる激戦区。ガラス張りの外装が目印だ。2階には巨大な焙煎機があり、外からも見える

取扱いメニュー etc.	
●	ドリップコーヒー
●	エスプレッソ系コーヒー
●	アレンジコーヒー
●	豆の販売
●	器具の販売
●	飲料・食品の販売
スタッフのイチ押しドリンク	アトリエ仙川ブレンド（ドリップ）

おいしいコーヒー豆がたくさん!

北海道

いわい珈琲 月寒店

豆の卸しでも道内屈指

豆販売が中心のコーヒーショップ。札幌をはじめ、道内の多くの飲食店にコーヒー豆を卸している。生産者とダイレクトトレードをしている団体に所属し、世界トップクオリティの豆を仕入れ自家焙煎している。

住 札幌市豊平区月寒東1-5-1-20
☎ 011·854·6799 営 11:00〜18:00
休 なし 席 5席(カウンター)
交 市営地下鉄月寒中央駅1出口より徒歩1分

カウンター5席と小さなスペースながら、ウッディな店内でコーヒーを飲むこともできる。専用駐車場も1台ある

×	ドリップコーヒー	抽出はフレンチプレスのみ
●	エスプレッソ系コーヒー	カフェラテなどミルク系も
×	アレンジコーヒー	エスプレッソ系の定番のみ
●	豆の販売	COE1位の極上豆も豊富
●	器具の販売	「ボダム」のフレンチプレスほか
×	飲料・食品の販売	シンプルにコーヒーのみ
	スタッフのイチ押しドリンク	フレンチプレス

甘〜い余韻を楽しもう!

北海道

工房 横井珈琲 発寒本店

住宅街の隠れ家ビーンズショップ

スペシャルティコーヒー専門のビーンズショップ。試飲会では、発売前や未発売の希少な豆の購入も可能だ。カフェ営業はしていないが、スタンディングカウンターで気軽に飲むこともでき、焼き菓子の販売もしている。

住 札幌市西区発寒9条11-2-11
☎ 011·667·1250 営 10:00〜19:00
休 火(祝の場合営業) 席 なし
交 Ｊ発寒駅南口より徒歩10分

札幌郊外の住宅街にある有名店。木目調でこぢんまりとした店内には焙煎機もあり、コーヒーの香りに包まれている

×	ドリップコーヒー	フレンチプレスのみ
●	エスプレッソ系コーヒー	使用する豆は毎日変えている
×	アレンジコーヒー	定番のエスプレッソ系のみ
●	豆の販売	オリジナルブレンドなど約20種
●	器具の販売	コーヒーを楽しむアイテム多数
●	飲料・食品の販売	キャラメルフィナンシェほか
	スタッフのイチ押しドリンク	カプチーノ

超絶ラテアートが楽しめる

北海道

STANDARD COFFEE LAB.

コーヒーライフを楽しむ

ラテアートの世界大会で優勝経験のある店主のモットーは「楽しく、おいしいコーヒーで喜びを」。繊細なラテアートだけでなく、自家製フードメニューやオリジナルスイーツなど、多彩な楽しみ方を提案している。

住 札幌市南区藤野3条6-7-1
☎ 011·593·2260 営 10:00〜18:00(テイクアウトは9:00〜) 休 日祝 席 33席
交 じょうてつバス十五島公園前より徒歩1分

コンクリート打ちっぱなしのスタイリッシュな外観。店内はカウンターからソファ席まで、用途と気分に合わせて使い方は自由自在

●	ドリップコーヒー	ペーパーか金属フィルターで
●	エスプレッソ系コーヒー	COE入賞豆を使うことも
●	アレンジコーヒー	エスプレッソマカロンほか
●	豆の販売	洗って研いで、焙煎した豆も
●	器具の販売	金属フィルター「コレス」を販売
●	飲料・食品の販売	自家製ピザやワッフルほか
	スタッフのイチ押しドリンク	カフェラテ

コーヒーのクオリティが世界基準!

東京

UNLIMITED COFFEE BAR

プロバリスタの技術に魅せられる

ハンドドリップ、エスプレッソからコーヒーカクテルまで、競技会入賞バリスタによる上質のコーヒー体験が楽しめる。ペーパードリップ以外にもエアロプレスやシルバートンといった抽出器具も選択可能だ。

開放感があり、落ち着いた大人の雰囲気漂う店内。フードやアルコールも充実しており、夜はバーとして利用することも可能

住墨田区業平1-18-2　03·6658·8680
11:00～24:00、㊏9:00～、㊐9:00～22:00
休㊊(㊗の場合営業)　席24席
交㊆とうきょうスカイツリー駅より徒歩1分

● ドリップコーヒー	ハリオV60などで抽出
● エスプレッソ系コーヒー	2種の豆から選択できる
● アレンジコーヒー	8種のコーヒーカクテルあり
● 豆の販売	自家焙煎し品質管理も徹底
● 器具の販売	種類豊富に品ぞろえ
● 飲料・食品の販売	クラフトビールなどの酒類も
スタッフのイチ押しドリンク	5ozラテ

コーヒープレスが超おいしい

東京

COFFEA EXLIBRIS

シンプルなコーヒー専門店

ダイレクトトレードされた最高品質の豆を自家焙煎。抽出はコーヒープレスとエスプレッソのみと、シンプルなスタイル。常時7種ほどのシングルオリジンを選べる。コーヒーにピッタリの自家製ケーキも人気だ。

こぢんまりした店内は、白を基調とした内壁と和洋のアンティーク家具が調和。少しレトロで落ち着いた雰囲気を醸し出している

住世田谷区代沢5-8-16
050·1516·6554　13:00～22:00
(LO21:00)　休不定　席15席
交(小)(王)下北沢駅南口より徒歩5分

× ドリップコーヒー	コーヒープレスのみ
● エスプレッソ系コーヒー	ラ·マルゾッコ社のマシンを使用
● アレンジコーヒー	コーヒービアほか
● 豆の販売	風味豊かなコーヒー各種
● 器具の販売	プレスほか、作家の器も
● 飲料・食品の販売	自家製レモンタルトが一押し
スタッフのイチ押しドリンク	パナマ·エリダ農園ナチュラル製法をコーヒープレスで

これぞバリスタ!という技術

東京

COFFEEHOUSE NISHIYA

魅惑的で多彩なコーヒーメニュー

エスプレッソと氷、砂糖をシェイクしたイタリアのアイスコーヒー「エスプレッソシェケラート」など多彩なコーヒーメニューが自慢。カクテルなどのアルコールに軽食、スイーツとメニューのバランスも完璧だ。

青と白のストライプが印象的な外観に、イタリアのバールそのものの店内がおしゃれ。ウッドデッキのテラス席もあり

住渋谷区東1-4-1
03·3409·1909　10:00～20:30
(LO20:00)　休㊋　席15席
交(J)(メ)(東)(王)渋谷駅より徒歩10分

× ドリップコーヒー	エスプレッソ系のみ
● エスプレッソ系コーヒー	イタリアンスタンダード
● アレンジコーヒー	アイリッシュコーヒーほか
● 豆の販売	オリジナルブレンドのみ
× 器具の販売	店内での飲食のみ
● 飲料・食品の販売	プレミアムプリンが人気
スタッフのイチ押しドリンク	エスプレッソシェケラート

頂点の豆がここにある!

東京　丸山珈琲 西麻布店

日本を代表するコーヒーショップ

軽井沢発祥のスペシャルティコーヒーの専門店。オーナー自ら生産地を巡り、直接買い付けしてきた豆の中には、非常に希少なものも。各競技会でのチャンピオン、入賞者も多く輩出する、日本を代表する名店だ。

住 港区西麻布3-13-3
☎ 03·6804·5040　営 8:00〜21:00
休 なし　席 48席
交 Ⓧ広尾駅3出口より徒歩8分

席と席の間隔も広く、落ち着いた大人の雰囲気でコーヒーを楽しめる。最新の抽出器具「スチームパンク」で淹れる様子も眺められる

- ● ドリップコーヒー：ゴールドフィルターを使用
- ● エスプレッソ系コーヒー：常時3種の豆を選べる
- ● アレンジコーヒー：エスプレッソトニックほか
- ● 豆の販売：約30種があり、試飲も可能
- ● 器具の販売：抽出器具からミルまでそろう
- ● 飲料・食品の販売：こだわりの日本茶やチョコも
- スタッフのイチ押しドリンク：本日のエスプレッソ

フレーバー豊かな焙煎に驚く

神奈川　27 COFFEE ROASTERS

湘南コーヒー界の中心的存在

湘南エリアで中心的存在のビーンズショップ。COE国際審査員でもあるオーナーが、生産地に直接行き、買い付けてきた豆を自家焙煎している。2016年はCOEホンデュラス優勝豆を、史上最高額で単独落札して話題に。

住 藤沢市辻堂元町5-2-24
☎ 0466·34·3364　営 10:00〜18:00
休 火　席 10席（平日はスタンド）
交 Ⓙ辻堂駅南口より徒歩5分

モノトーンのシックでシンプルな外観が特徴。2016年10月には現店舗の隣に焙煎所を併設したカフェをオープンした

- ● ドリップコーヒー：ハリオV60を使用
- ● エスプレッソ系コーヒー：シングルオリジン2種から選ぶ
- ● アレンジコーヒー：エスプレッソトニックほか
- ● 豆の販売：すべての豆が試飲可能
- ● 器具の販売：欧米の珍しい器具もあり
- ● 飲料・食品の販売：豪州産「チャイ」ほか
- スタッフのイチ押しドリンク：COE1位 ホンデュラス エルプンテ(ドリップ)

これぞエスプレッソと目からウロコ

愛知　スギコーヒーロースティング 高浜本店

東海地区のコーヒー普及に貢献

スペシャルティコーヒー豆の専門店。2代目オーナーの杉浦学氏はCOE国際審査員を務めながら、世界の生産地を訪問、買い付けしている。フリーカッピングや技術指導など、コーヒーの普及活動にも積極的。

住 高浜市湯山町5-2-3
☎ 0120·52·5490　営 10:00〜18:30
休 日月　席 なし
交 名鉄三河高浜駅東口より徒歩12分

セミナールームを完備した店舗では、コーヒー教室などを開催している。駐車場も10台あり、遠方からでも安心

- × ドリップコーヒー：エスプレッソ系のみ
- ● エスプレッソ系コーヒー：厳選シングルオリジンを使用
- × アレンジコーヒー：豆販売が主軸
- ● 豆の販売：スペシャルティコーヒーのみ
- ● 器具の販売：こだわりの抽出器具を用意
- ▲ 飲料・食品の販売：稀に洋菓子店とコラボ企画が
- スタッフのイチ押しドリンク：カプチーノ

王道のエスプレッソのおいしさ

愛知　カフェ ボンタイン 本店

サードウェーブ本流の老舗

1948年創業の老舗コーヒーショップ。グアテマラの専属契約農園ほか、ダイレクトトレードで各地から豆を仕入れ、焙煎・販売している。スペシャルティコーヒーを使ったアレンジドリンクも、季節に応じて多彩に展開。

- ●｜ドリップコーヒー　自社でドリッパーを開発
- ●｜エスプレッソ系コーヒー　本格からアレンジまで多彩に
- ●｜アレンジコーヒー　コーヒースムージーほか
- ●｜豆の販売　鮮度にこだわった約20種
- ●｜器具の販売　コマンダンテ グラインダーほか
- ●｜飲料・食品の販売　炭焼珈琲寒天ぜんざいが人気

スタッフのイチ押しドリンク　アイリッシュコーヒー

住名古屋市中区錦3-11-20
☎052·953·5055　営7:30〜21:00、
㊏㊐㊗12:00〜17:00　休不定　席101席
交市営地下鉄栄駅1出口より徒歩6分

天井が高く、どこか懐かしい雰囲気でリラックスできる店内。分煙スタイルなので、喫煙者でも気兼ねなく利用できる

どれをとってもハイレベル

京都　ウニール 本店

東京にも進出している関西の雄

ＪＢＣなどの競技会入賞バリスタが多数在籍する、関西を代表する人気のコーヒーショップ。コーヒーはもちろん、新鮮な野菜を使った「畑の見えるお昼ご飯」やスイーツなどフードメニューも充実している。

- ×｜ドリップコーヒー　エスプレッソ系がメイン
- ●｜エスプレッソ系コーヒー　熟練のバリスタが抽出
- ×｜アレンジコーヒー　コーヒー使用のデザートはあり
- ●｜豆の販売　焙煎から10日以内の豆のみ
- ●｜器具の販売　専門器具から家庭用まで用意
- ●｜飲料・食品の販売　１日限定40食のランチが◎

スタッフのイチ押しドリンク　カプチーノ

住長岡京市今里4-11-1
☎075·956·0117　営10:00〜19:00
休㊌　席40席
交阪急長岡天神駅2出口より徒歩20分

2016年1月にオープンした新本店では、本格的なスイーツ工房を併設。専属パティシエの作ったスイーツも人気だ

酸のきれいな焙煎!

大阪　TAKAMURA WINE & COFFEE ROASTERS

ワインショップによるコーヒー店

コーヒーに共通点を見出したワイン専門店が、スペシャルティコーヒーの自家焙煎を始め、コーヒーショップを併設。ＣＯＥ入賞豆の品ぞろえは国内有数など、素材の圧倒的なクオリティにこだわった店だ。

- ●｜ドリップコーヒー　ペーパーか金属フィルターで
- ●｜エスプレッソ系コーヒー　質高い酸にこだわっている
- ●｜アレンジコーヒー　エスプレッソソーダほか
- ●｜豆の販売　COE入賞豆を中心に約30種
- ●｜器具の販売　ケメックスほか抽出器具
- ×｜飲料・食品の販売　リンゴジュース「順造選」ほか

スタッフのイチ押しドリンク　ドリップコーヒー

住大阪市西区江戸堀2-2-18
☎06·6443·3519　営11:00〜19:30
(LO19:00)　休㊌　席80席
交市営地下鉄肥後橋駅7出口より徒歩5分

開放感のある巨大な店舗内には、おしゃれなインテリアや雑貨が置かれる。2階のカフェスペースでは時間を忘れてくつろぐ人も

豆のクオリティが秀逸！

福岡　あだち珈琲 久留米店

中南米の豆ならおまかせ

オーナー自ら南米・中米を中心に直接生産地へ行き、買い付けた選りすぐりの豆を自家焙煎。店内のカフェスペースでは、COE上位入賞豆やパナマのゲイシャ種などといった、中南米の極上豆も楽しめる。

住久留米市篠山町6-397-7
☎0942-27-8205　営10:00～19:00
休不定　席12席
交Ⓙ久留米駅東口より徒歩10分

コンクリート打ちっぱなしの店内は、大きな窓から自然光が入り、明るく開放的。コーヒー豆購入でミニカプチーノ一杯サービス

×	ドリップコーヒー フレンチプレスを使用
●	エスプレッソ系コーヒー 独自にブレンドした豆を使用
×	アレンジコーヒー 豆の販売が中心
●	豆の販売 あだちブレンドほか15種
●	器具の販売 フレンチプレスの種類が豊富
●	飲料・食品の販売 地元のケーキ店から調達
スタッフのイチ押しドリンク	フレンチプレス

フレーバー豊かで甘いコーヒー

福岡　ハニー珈琲 高宮店

名物オーナーのこだわり満載

福岡にスペシャルティコーヒーの魅力をいち早く伝えた井崎克英氏が営む店。系列店初のカフェで、自家焙煎のスペシャルティコーヒーだけでなく、好きが高じてこだわり抜いたカルピジャーニのソフトクリームもオススメ。

住福岡市南区野間1-1-1 ラクレイス高宮1F　☎092-555-2075　営0:00～19:00
休なし　席22席
交西鉄高宮駅より徒歩2分

井崎オーナーいわく「カフェでもない、喫茶店でもない。木と緑に囲まれた空間でコーヒーを楽しめる店」がコンセプト

×	ドリップコーヒー フレンチプレスのみ
●	エスプレッソ系コーヒー マシンはブラックイーグル
●	アレンジコーヒー コーヒーフロートほか
●	豆の販売 COE入賞豆も豊富
●	器具の販売 バリスタが丁寧に使い方を説明
×	飲料・食品の販売 ホットサンドやケーキほか
スタッフのイチ押しドリンク	フレンチプレス

驚くほど上品でなめらか

福岡　REC COFFEE薬院駅前店

世界準優勝のバリスタが営む店

WBC2016で世界準優勝となった岩瀬由和バリスタがオーナーを務めるコーヒーショップ。トラック一台でのコーヒー移動販売からスタートし、2010年にこの店を開いた。スムージーやクラフトビールなど、メニューも豊富。

住福岡市中央区白金1-1-26
☎092-524-2280　営8:00～翌1:00、㊏㊐㊗10:00～ ※㊎㊏・祝前日～翌2:00　休不定
席43席　交西鉄薬院駅2出口より徒歩3分

奥行きのある店内は、コンクリート打ちっぱなしのシンプルな造り。ソファ席もあり思い思いの時間を過ごすことができる

●	ドリップコーヒー ハリオV60ほか
●	エスプレッソ系コーヒー 2種類の豆から選択
●	アレンジコーヒー ジンジャーシナモンラテほか
●	豆の販売 オリジナルブレンドほか数種
●	器具の販売 バリスタが使い方を指南
●	飲料・食品の販売 チャイもオススメ
スタッフのイチ押しドリンク	カフェラテ

おわりに

コーヒーは、皆さんがいて、豆の生産者がいて
その間に私たち焙煎人やバリスタがいて成り立っています。
生産者は質の高いコーヒー豆を育てることで
私たちは豆のポテンシャルが最大限開花するよう焙煎・抽出することで
そして皆さんがおいしく楽しく飲んでくださることで
関わる者みんながいっそう幸せになることができるのです。
心地よくなかったら、コーヒーを淹れ続けようなんて思えません。
おいしくなかったら、コーヒーを飲み続けたいなんて思えません。
くどいようですが、どうか楽しくコーヒーを淹れてください。
「スペシャルティコーヒーは、ブラックじゃなきゃダメ」
なんてストイックになる必要もありません。
その時の気分で、いろんな飲み方をすることが
飽きることなく、ずっとおいしくコーヒーを飲むただ一つのコツです。
できれば、あなたの周りの人にコーヒーを淹れてあげてください。
「おいしい！」そんな笑顔を見られたら、もっと楽しくなりますから。
スペシャルティコーヒーは、貧しい生産国と豊かな消費国が存在する
たんなるグルメではなく、たしかに社会性を帯びた飲み物です。
横たわる問題を解決する唯一の方法が
あなたがおいしいコーヒーで幸せを感じてくれることなのです。

大塚朝之

オリジナルのペーパードリッパーを作ってしまいました

豆がストレスフリー

蒸らし時に、通常のドリッパーだと壁が邪魔して横方向に膨張できません。そのストレスから解放しました。

横漏れを防止!

通常のドリッパーは、壁にあたることで湯が漏れ出てしまいます。これなら成分をじっくり抽出できるのです。

本の製作過程でひらめいて、オリジナルドリッパーを作ってしまいました。いわば、ネルドリップとペーパードリップの「いいとこ取り」です。抽出時の豆のストレスを軽減し、じっくり成分を抽出できる、優れモノになりました。

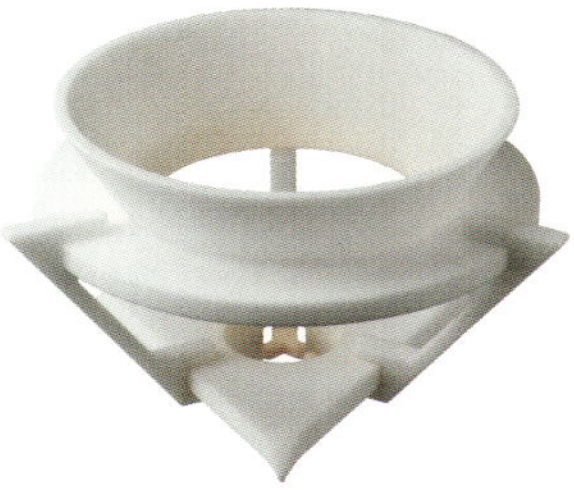

猿田彦オリジナルドリッパー

クリーンでまろやか、そして味わい深いコーヒーが入るこのドリッパーを、猿田彦珈琲の各店およびホームページで販売します。ご要望があれば、店頭でこのドリッパーで抽出しますので、気軽にお声掛けください。

大塚朝之

1981年東京都生まれ。96年に芸能界に入り、
2001年には主演映画がベルリン映画祭に出品される。
2006年、芸能活動に終止符を打ち、下高井戸のコーヒーショップで
アルバイトを始め、そこでコーヒーの魅力にとりつかれる。
2011年6月に恵比寿にわずか9坪弱のコーヒーショップ、猿田彦珈琲を、
2015年には生まれ育った地、東京・仙川に2号店をオープンした。
現在、自店の経営・ディレクションに加え、CM出演、セミナー、
イベントなどを通じて、広くスペシャルティコーヒーの魅力を伝えている。

たった一杯で、幸せになる珈琲

10時間でマスター！

猿田彦珈琲の家コーヒー入門

2016年12月2日　第1刷発行

著　者――――――大塚朝之
発行者――――――安本洋一
発　行――――――株式会社KADOKAWA
〒102-8177 東京都千代田区富士見2-13-3
電話 03-3238-5460（営業）　03-3238-5464（編集）
http://www.kadokawa.co.jp/
印刷・製本――――凸版印刷株式会社
ブックデザイン――末吉 亮（図エファイブ）
取材――――――――栗山春香
兼重政徳
萩原晴一郎
撮影――――――――渡辺秀一
イラスト―――――山本加奈子

乱丁、落丁の場合、お手数ですがKADOKAWA読者係までお申し出ください。

送料は小社負担にてお取り替えいたします。古書店で購入したものについては、お取り替えできません。

KADOKAWA読者係
〒354-0041 埼玉県入間郡三芳町藤久保550-1
電話 049-259-1100（土、日曜、祝日除く9時～17時）

本書の無断転載を禁じます。

本書の無断複製（コピー、スキャン、デジタル化等）並びに無断複製物の譲渡及び配信は著作権法上での例外を除き禁じられています。

また、本書を代行業者などの第三者に依頼して複製する行為は、たとえ個人や家庭内での利用であっても一切認められておりません。


ISBN978-4-04-731493-1 C0077 Printed in Japan

©猿田彦珈琲2016